疫下飛航

空服員的日常與非常

飛仔 著

萬里機構

推薦序

✈ 航空業界永世難忘的 2020
火星空姐 ah-yo

　　十多年前出版過關於空姐生涯的著作，當年未有太多人寫此類主題，因此幸運地大賣，賺了所謂「頭啖湯」。間中有讀者問何時會再出書，我想起近年在書店內見過的航空書：專業知識型、圖文搞笑類、空姐感情生活、外地玩樂指南，就連空姐育兒攻略也長江後浪推前浪地應有盡有。有一段時間感到航空書已多到飽和，每本重複地呻呻奇怪乘客、行內辛酸，又或者聊聊明星八卦……關鍵是無論你寫甚麼，外界一律覺得你生活輕鬆每天玩樂（還有私生活混亂）。

　　當飛仔邀請我為其新書寫推薦序時，心裏第一個反應是「阿仔，現在航空冰河時期呀，你還竟敢出空少書？無病嘛？！買空姐空少書都是那些對航空業仍有幻想的少男少女，未來一兩年都不會請新人呀，誰會買？！」他強調「細細個」已看我的書才有踏入這行的念頭，本着「原來是被我推入火坑」的補償心態一秒答應。當時，我連他究竟寫甚麼都不知道，呵呵。

　　翻開稿件前，心想大概又是看過九十九次的行內辛酸吧？時差、體力勞累、西客，阿姐我飛十六年了怎會不知道？嗯，但給未入行的孩子有個心理準備還是好事。

　　怎料，他寫的竟是 2020 年全球航空業的冰河時期。從年頭開始，同事們全球性的瘋搶抗疫用品，最初我們樂觀地以為像沙士一樣只是亞洲區受影響，以為夏天一到病毒就會消失大家可「正常生活」。慢慢的航班縮減，從最初感到「間中抖抖都幾好」到各人開始支撐不住需找兼職或另覓出路。最後發展到十月，意料之外的港龍整家消失、國泰前線大地震、留下來的要簽下很多「魔鬼細節」的合約……

　　人很善忘，我更是像金魚一樣。這書像紀念冊似的，讓我再次回顧過去一年大家經歷的無奈和唏噓。從來只感到空少空姐書是給「行外的妹妹仔」看，這本呢，曾經歷過去一年的行內人都應買一本回家。十年廿年後如果你還在飛，新一代聊起「Covid-19？我當時得三歲」時，塞一本給他，看看在那艱難的 2020 年，有人曾入隔離營、一個月做十幾次檢測、外地隔離後回港又再隔離、家中有老人小孩的下班後不敢回家，最無奈是全球很多熱愛飛行的同行被硬生生摘下翅膀。

　　到時已是枚老鳥的你可苦口婆心地提醒後輩，Full flight 有得不停沖杯麵忙到水都沒時間喝一啖原來該感恩了，快去應 Call light 啦（笑）。

自序

年少的時候，我覺得道歉很難。

怎麼說呢？要在別人面前，尤其是當着親人的面，去承認自己犯錯的感覺實在太糟糕了。除了要承受尷尬感覺，還要硬着頭皮去面對對方失望的面容，簡直是強人所難。所以在求學時期，即使我犯錯時被老師、前輩抓個正着，我都會想盡辦法去解釋和推搪。

高中畢業的那一年，我第一次談戀愛，對象的個性跟我一樣，十分衝動火爆。那時約會，我倆常常因為一點小事情而大吵起來，可能是看不慣的一個小動作，又或者是沒有修飾的一句說話。可以想像，這種關係不可能有好結果；由於我們之間佈滿了無數難以修補的裂痕，所以最終亦只能不歡而散。我從那段關係當中，默默學會了道歉；因為我知道無論那一句「對不起」是否出自真心，起碼這種舉動大部分時間都能馬上令衝突降溫。

而現在，**道歉幾乎成為了我的專業。**

排在道歉之後，第二困難的事，就是向別人坦白自己的困境。

　　2020 年 9 月，在航空業最糟糕的時期，我回家吃了一頓晚飯。那天，我媽像往常一樣在廚房忙着燒菜，而我則懶洋洋地躺在梳化上滑手機。她不疾不徐地關上火，緩緩將炒好的菜裝上盤子，忽然，她輕輕說了一句：「你不夠錢花，記得要跟我講啊！」

　　進入社會之後，我開始繳稅、用自己從前苦練的簽名來簽署租約、使用印有自己名字的信用卡，我漸漸成了一直渴望變成的大人。雖然成了大人之後，能做的事多得很，但亦因為長大成人，身邊的人會期待你堅強。

　　面對母親的關心，我只能假裝堅強，叫她不要那麼嘮叨。

　　寫這一本書的過程中，我回顧了一路上的飛行經歷，算是在迷霧中，猛地警醒了自己；還冒昧地，試圖從我的視野去記錄疫情下這一行的難處。大多數名人的回憶錄、自傳，都在書寫各種人生的奮鬥和高峰，但細緻地記錄自己的事業低潮，我的拙作說不定是少數。

　　謝謝萬里機構的賞識，給予我檢視過去的機會，以及面對低潮的勇氣。若然有天我學會了不羞於示弱，未來還會有甚麼正等着我呢？

前言

✈ 花無百日紅

曾經，我深信人的流動是了無止盡的，尤其當我投身航空業後。

——兩個月的暑假剛剛過去，歐美澳紐的留學生便趕着回去上課，接着又迎來大陸的十一黃金週。步入冬季的 11 月，是美加的重要節日感恩節，12 月嘛⋯⋯日本雪季開鑼，幾乎每趟日本航班都座無虛席，更不用說，月底便是普世歡騰的聖誕節。

所以對我而言，航空業從來沒有真正的淡季，365 日，天天都忙。

直至 2020 年 1 月。

2020 年 1 月，新冠病毒肺炎在亞洲地區大規模爆發，其後在世界各地急速擴散。起初，人們都不把新聞所說的當一回事，台灣為嚴防疫症傳入，早於 2019 年 12 月底便開始對武漢直航班機實施登機檢疫措施。當時還有意見批評台灣的防疫決定惡意針對大陸；後來，直到意大利率先宣佈停飛中港澳台航班，新冠肺炎的來襲才正式引起了大眾（包括我們這班航空人員）的重視。

停飛的消息來得很急，當天抵達意大利的機組人員像往常一樣，在辦理入住手續後就上房洗澡準備休息，殊不知很快便收到通知，需要馬上收拾行李，並要趕回機場搭乘最後一班飛機，匆匆回港。之後的日子，幾乎每天都有國家宣佈封關，航班接二連三地取消，工作驟然間變得越來越少。到最後，大部分同

事都只能拿到空空如也的班表；航空業，在無聲無息之間步入了「淡季」。

減班剛剛開始時，我剛從倫敦回來，因為抵達後，檢疫人員證實了乘客當中有數名確診患者，因此我成為了一名緊密接觸者，所以需要檢疫——即進行隔離。

從隔離營出來之後，我對疫情仍是不以為意，一直自我感覺良好，儘管幾乎天天呆在家裏，百無聊賴，但當時覺得這種每日可以睡到自然醒的感覺真好，簡直是上天聽禱告。

轉眼來到 5 月，開始出現入不敷支的情況，我不得不動用儲蓄來應付日常開支，生活還總算是過得去，至少不用「攤大手板」問家人要錢。這種生活持續到 6 月，情況並沒有任何改善。當初我還妄想這種生活很快便會結束，可能是暑假，甚至是更早，所以一直都抱持觀望態度。然而，久候多月，疫情仍然十分反覆，尤其歐美國家，似是不受控制。在這情況下，航空業當然絲毫沒見起色，要回復正常的日子，看來是遙遙無期。

收入銳減，但房租卻分毫未減，長此下去，恐怕會面臨嚴重的財政危機，所以我決定不能再等了。無法節流，只好開源，於是我唯有硬着頭皮，到處尋找工作機會。

有句諺語說得好：「人無百日好，花無百日紅」。世事變幻無常，即使身處高峰，你亦無法預料明日會否即將迎來低谷⋯⋯

目錄

推薦序：航空業界永世難忘的 2020 002

自序 004

前言：花無百日紅 006

✈ 第一章：羽翼初成 ↘

01 數飛機 014

02 我的志願是可以歎冷氣 017

03 少時不讀書　大個_____ 021

04 出道前要當訓練生 025

05 走進我們的一天（上） 031

06 走進我們的一天（下） 038

07 飛機備胎 044

08 一入商務深似海 049

09 與撒旦同行 053

第二章：機上娛樂

01 想喝甚麼喝甚麼 058

02 雞飯停　魚薯大量 063

03 你以為的空中侍應 068

04 躺着賺的兩三事 073

05 不是免費的嗎？ 080

06 我不是石頭爆出來的 084

07 鬥獸棋 086

第三章：下班了，我就不再是你的人

01 爆買的空姐 094

02 流浪者 098

03 鬼故事 104

04 信天翁 107

05 回憶的味道 111

✈ 第四章：花無百日紅 ↘

01 不用飛的日子，可以領多少薪水？ 118

02 隔離刑 121

03 祝你在亂流下平安 132

04 再見港龍 136

05 每當變幻時 140

📦 **附錄**　一把汗水一把淚，航空業小薯的 2020 年 148

📦 **後記** 157

00:01 羽翼初成

 入行路上經歷的各種

01 數飛機 ↘

小時候的暑假，我媽帶着兩個姊姊飛到印尼雅加達過暑假，一去就是一個月，遺下一個么子在香港。儘管爸爸沒有一同前往，但白天上班，沒有人能分身照顧那個可憐的孩子，所以他就被丟到堂姐家裏住。每晚飯後，我都會跪在梳化看越過夜空的飛機，就像被父母遺下的孩子。

堂姐會問我為甚麼不跟姐姐一起去，這樣就不用難過啦。實情是當年訂機票，原本也想帶我一起去，只是我爸耍了點小花招，我就忽然説我不想去了。

一個炎熱的下午，我爸帶我去買下午茶，路上需要經過一長長的樓梯。我低着頭數樓梯，又肥又短的腿，逐級逐級的步下降，忽然發現了一隻蝴蝶停在梯級邊上，於是我叫住了爸爸。他走了上來，跟我一同研究這隻地上的蝴蝶。起初我以為牠還在掙扎，試着用手指撩一下牠的翅膀，結果那些擾動，原來只是風。

「別摸啦，快走！」我爸拉了拉我的手臂。

路上，我提起了去雅加達的事，大概他想我留在香港陪他，忽然不知哪來的一句：「飛機很危險的，飛着飛着可能會斷翼。翼斷了，就半空掉下來。」我不禁抽了一口氣，爸爸還乘勝追擊補充一句：「就好像剛剛的那隻蝴蝶。」

是的，我家的教育真的有夠可怕，絕對是育兒的反面教材。

　　於是爸爸的心理戰打贏了，我心裏萌生了對飛機的懼怕。起行當日，媽媽帶着兩個姊姊一早就離家，我睡眼惺忪的送門，目送她們進電梯後，我記不起有否大哭一場，只知道心裏難過了好一陣子——如果爸爸的話當真，說不定那是我們的最後一面？

　　我記得堂姐知道這個故事後笑得合不攏嘴，但她之後沒有再說甚麼，只是坐在我身邊，一邊用手指梳我額上的頭髮，一邊看飛機。這個活動每晚如是，有時同齡的外甥在房間練習鋼琴，我們就聽着重重複複的《給愛麗絲》音樂。這個暑假孤兒間中會指向空中那一閃一閃的客機問：「媽媽和姊姊是不是坐那台飛機？」可是每次堂姐或是堂姐夫都不回答，問到我外甥，他又說不知道。對母親的思念，常常一覺醒來，就甚麼都不記得。

　　後來暑假結束，姊姊風騷歸來，夾着拖鞋帶我到樓下的照相館，將三筒菲林的照片沖曬出來。照片拿回來後，我們一同歎着冷氣翻看，看着那幀她們在火山騎馬觀光的照片，我埋怨自己，

就是這張姊姊們的
火山騎馬觀光照，
看得我牙癢癢。

這個暑假竟把時間都花在隨時可以見面的外甥身上，心裏是多麼的酸溜溜。大概姊姊讀懂了我的艷羨，調侃道：「你不去還真是可惜啊！」我真想罵回去，曬成這個鬼樣就花點時間做做美白吧，家裏不開燈還真的看你不見呢！

後來第一次真正坐上飛機，是 17 歲的畢業旅行。那時還真的不知道，未來的我，有天會在這台機器上面工作。

02 我的志願是
可以歎冷氣 ↘

　　有志氣的人大多堅強，目光遠大，成長路上就算不一定闖出好成績，也定能練得一身好武功。可惜我從小都不是一個有志氣的人。小學六十米賽跑，我頂多跑贏技安拿個第五，更多的是包尾；英文科測驗默書，也是經常在合格線上低空飛過。擁有這種個性和成長背景，自然沒有那種爭勝的鬥志，也從沒嘗到過拿第一的滋味。

中學做剪報功課，留意到傳媒人不知道立甚麼居心，日日夜夜將「某某城市即將取代香港」之類的恐嚇說話掛在嘴邊。然而這座城市的人真的想當第一嗎？如果失落第一，甚至跌落四五，小市民會不會反而生活輕鬆點？嗯，沒有志氣的懶豬總是想得很多。

這些瑣碎事情我記得很多，還有一件我記在心裏面很久了。

幼稚園的班上，楊老師很老套地每人發一張工作紙，然後要我們填寫「我的志願」。課堂期間，我們大致 Go through 了一些標準又意識正當的職業，像是教師啦、醫生啦、飛機師、工程師之類的專業工作。我這幾歲人仔的小腦袋想爆頭也想不出個答

案來，皆因上述的工作我通通都沒興趣。我問鄰座的同學心美，一個短髮的高個兒女同學：「在辦公室歎冷氣的人，他們的職業叫甚麼？」，她很 rude 地沒有理我。最後我好像寫了個「在辦公室工作」草草了事，就是為了可以歎冷氣。

對於將來自己想做的事，我一直表現得極之迷惘；身邊的同學們在新高中選科、排 Jupas 志願（大學聯招）都似乎很清楚自己想做甚麼。然而，我卻一直站在分叉路口猶豫不決。

中學畢業後，我沒有像大多數同學般繼續進修，而是選擇找工作。我還記得放榜那天，大家都東奔西走去各大學院繳交留位費，或是尋求升學輔導，而我背包裏放着不那麼好看的成績單，坐上過海巴士到銅鑼灣一家名為「咖啡弄」的甜品店吃窩夫甜點。

我那麼從容面對環境轉變，可是社會大學卻沒有對我這個新鮮人從容過。

初時，我在咖啡廳、工程公司分別當過侍應生和助理，在一段極短時間後我就離開了侍應生的工作崗位。至於工程公司，我擔任的助理工作極為瑣碎無聊，只需每星期替一位跟我爸一樣年紀的叔叔寫一份兩頁紙的工作報告。除此之外，最大的用處就是每月一次的例行會議後，為一眾工程師叔叔到茶樓拿位子。雖然一直被投閒置散，但裏面的人都待我很好。某次被上司召入房間會談，還以為我終於要被辭退了，實情卻是相反。上司想讓我去

進修，一切費用會由公司承擔，見面目的旨在問我意向。我思來想去，實在對這一行的工作不感興趣，於是便回絕了，並決定揮手作別。

　　告別了不合適的工作，我又再找不到方向。夜裏，我一個人在東涌沿着海邊慢跑。在碼頭喘息的時候，我留意到海裏載浮載沉的浮標，忽然覺得好像這幾年的自己。雲層裏霎時冒出了一台客機。我定神看着它，見它愈壓愈低，維持着機翼航行燈每閃兩次，尾翼的燈就閃一次的頻率，最後降落、消失在機場島的建築群裏。我靈光一閃，就被那台客機帶到機場客運大樓裏去。

　　我開始在一家以工作繁忙著稱的地勤公司工作，回憶那段時期的自己，還真覺得自己很了不起——每天晚上 11:00 下班，隔天又趕上早上 7:00 開始報到的櫃台，好不容易排到輪休，隔天定必排你一個凌晨就要出門的 0400 班。那一年多的時間簡直是鐵人挑戰，常常在報紙散落滿地的辦公室裏邊做文件邊吃飯，座機來電聲此起彼落，常常不知為何有個放涼了的飯盒擱在一邊，大概又有某位同事忙得飯都來不及吃吧！禁區閘口的五六位地勤剛送走一班載四百人的航班，又一個箭步出去迎來下一趟班機。這段時期的工作很有挑戰性，也讓身體變得很差，飲食的不定時和睡眠不足讓我情緒時常波動起伏，幾乎何時何地都能入睡，體重也一直掉。那時的我，心知絕不可能以此為終生事業，否則可能不出 30 歲就會滿頭白髮。

而且，當地勤人員的壞處是，人事比較複雜。我見過一些比較慢熱的新同事，一直難以融入團隊裏面，最後只好悄然離去。這個艱苦的工作環境，要是沒有得到同事的扶持，我想我絕對撐不過一年。

　　一次偶然，聞說機艙服務員在每趟航班都能與不同的人工作。雖然在機上的工作並不容易，但偶爾能逃離香港的一切煩擾，也是挺誘人的，對嗎？

03 少時不讀書 大個＿＿＿＿↘

　　申請本地航空公司機艙服務員職位的門檻其實很低，只要公開試全科合格，就幾乎半隻腳踏入面試室了，剩下的就是自身的努力。當然，拿着大學畢業的證書可能會比較吃香，但經驗告訴我，只有中學畢業資格的求職者也不是全無機會，至起碼用功一點，也是有進去的可能。

　　在網絡上爬過不少文章後，膽粗粗地向各大航空公司寄出申請。在明知自己絕對接受不了離開香港住進他家的前提下，羚羊航空、喇沙航空還有油王航空都沒有收到我的履歷。而且就算他們有邀請我去面試，大概也會在第一關就刷掉我吧⋯⋯

✈ 申請機艙服務員職位的門檻其實沒有你想得那麼高

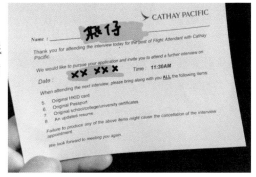

至於其他本地航空公司，我僥倖收到了幾個面試邀請，可是緊張大師如我，都在 Final round 就被攔下來了，只有一家遲遲沒有收到回音，我只好將該次申請當作石沉大海。空服員的面試失敗後，一般都需要隔六個月後才能再次投考，本來打算趁這半年好好準備，希望半年後能一雪前恥。沉寂了一段時間，我也幾乎忘了這回事。

　　某天，那家一直杳無音訊的航空公司竟然來電，問我有沒有興趣見個面，我當然答好。可是約定面試的那天，我老早就約好了跟朋友去主題樂園，本來我打算取消面試，皆因這家航空公司一向都不是我的首選。但經朋友說服過後，我還是如期出現在氣氛嚴肅的面試室。

　　因為這家公司不是首選，結局如何我都不太在意了。回想起來當日的我表現得有點太輕鬆，殊不知一路過關斬將，翌日就收到了 Offer call！還真是「有心栽花花不開，無心插柳柳成蔭」基於對當時工作的厭倦，我沒多考慮就答應了，就先轉換工作環境看看吧！

　　就這樣，20 歲就進了一家很年輕的航空公司。在裏面工作了差不多一年多，很快就開始厭倦裏面的工作氣氛。前輩們常常勸我換個老闆，要人望高處：「良禽擇木而棲啊，細佬！」大牌航空公司人強馬壯，所有規矩、流程都有透明而清晰的指引，雖然也有人質疑我，現在考入該公司，就像登上一艘正在下沉的大船。但為了飛得更遠、去得更多地方看看，我執意多試一次。

　　我本來不是一個英語很流利的人，但經過長年累月的美劇加持，多多少少在口語上有所進步。曾經，一集美劇有多少句對白，我就會按停多少次——我逼着自己一句接着一句的唸，像個瘋子一樣，遙控都快被我按到失靈。那段時間我嗑藥似的，有空就看不同類型的劇集，看完了差不多四十多季的電視劇。

　　除此之外，我還有了一個習慣（其實可能是強迫症），無論讀報、坐車、看 Youtube 廣告時，總之遇到不明白的英文生字，都要立馬把手機拿出來查個明白，不然就會坐立不安。最神經病的時期，我跟友人外出時都全英語溝通，同時爭取跟售貨員、侍應生等陌生人練習開口説英語的機會。曾經，我們幾個瘋子在尖沙咀一帶被大嬸當成遊客，推銷我們光顧觀光船和腳底按摩生意。

　　求職者英語對答如流當然讓人眼前一亮，但我認為考官更傾向錄取懂得處變不驚的人。考官的招數一般是，在角色扮演環節時扮演麻煩客人，上演刁難服務員的戲碼，希望你零秒給予回應。或是在問答環節對你咄咄逼人，針對着一個點咬住不放。一旦你被嚇得啞口無言，呆若木雞的站在那邊，恐怕當天也只能空手而回了。因此，面試當日，除了要衣着儀容整齊大方，還要與考官、其他求職者談吐得體，面對不懂得回應的情況，定必要冷靜處理。我説的處變不驚，是指即使怎樣吃驚都好，面部表情都需要控制得宜，一絲慌張不安都不能展露。面部表情管理不善，相信是很多考生被請走的原因。

一對一面試期間，求職者被問到的問題可以無法預料。我曾被低成本航空公司的考官問我，他們的機上服務處處都需要收費，如何讓機上沒有消費的客人仍然有賓至如歸的體驗。我忘了當時具體回答是甚麼，只記得結尾我說了一句說話，直到今日我還是會直起雞皮：「我希望客人能知道，機上服務雖然需要收費，但機組人員對每一位客人的笑容卻都是免費的。」當刻，一直埋頭評分的考官都忍不住抬頭望了我一眼。

　　還有一次被問到：「今天的面試過程中，有甚麼問題是讓你很意外的，為甚麼？」我的回答是：「就是這一道問題。」我和考官一同假笑了幾下，再徐徐補充了幾句。面試的過程中，總有些問題是無法準備的，一時想不出答案，可以試試別的花樣。我用過一招："emmm, this is a good question."（嗯，這還真是個好問題。）隨即擺出一個若有所思的表情，盡力爭取時間，在驚濤駭浪的腦裏去組織答案，還好管用。

　　終於，一番努力之下，我收到 Offer call，而且電話還來得真不合時——接電話的那一刻我正進行起飛前檢查，飛機正在滑行準備起飛。上司知道我有個重要的電話要接，主動代我完成了客艙檢查；得知我被別家航空公司錄取了，她即時熱情地恭喜我。

　　我永遠都忘不了在接聽那一通電話時的我，到底有多麼的激動。

04 出道前要當訓練生 ↘

在一個寒冷的週五早上，我在一陣冷風中推開幾米高的玻璃門，等候區裏面已經坐着十個八個跟我一樣西裝畢挺的新同事。其中一位還熱情地跟我打招呼，邀請我坐到她旁邊，繼而開始閒聊起來。一路聊到大伙兒被帶上樓辦理入職手續，我在會議室裏終於按捺不住，問她：「不好意思，請問我們本來就認識嗎？」她頓時哭笑不得，説：「我是 Kira 啊，之前跟你飛過一次。」我當下一臉惘然，怎麼想都記不起來，這樣的情景讓我尷尬得想死。

除了一系列的文件簽署講解，當天還加入了一段參觀介紹。這裏是洗制服的地方、那邊是飛行訓練中心、樓上三樓是進行服務流程訓練的模擬客艙⋯⋯每一刻都覺得這一切很不真實，亦相當難以置信，因為我終於不再以訪客身份進來這棟大樓了。

新入職菜鳥的蜜月期就只有迎新日的三數天，緊接着的 Safety Training 會讓很多天真無邪的職場新人哭出來，每一天都像拍攝美國電視真人秀般 Juicy。

從第一天開始，我們便天天埋頭於安全手冊。他大如一個麥當勞托盤、雙面印刷近六百頁，蓋起來厚如一碗譚仔雲南米線碗的高度。手冊包羅萬有，第一是急救知識，如包紮、各種身體狀況的治療、心肺復甦法（CPR）以及自動體外心臟除顫器（AED）

的操作方法；第二是飛機一旦遇上事故時如失壓，或需要逼降水上或地面時，應採取甚麼措施提高大家的生存機率；第三就是當客機被劫持、發現有不明物品等等狀況時，最保險的應對方法，以及各種安全設備（Safety equipment）的操作和位置。這裏所指的安全設備意義很廣，從乘客出現醫療狀況時救人一命的用具，到客機逼降無情大海，幾百人經歷劫後餘生後，花容失色的空姐在救生艇上拿出能提高大家生還機率的法寶，都能被統稱為安全設備。

我並不是一個航空迷，飛機對我來説長得都一樣，但其實每一個機種，即使外面看起來一樣，機艙內的佈置卻不盡相同。不同載客量的飛機，配置的安全設備數量都各異。比如説波音777 客機，我們曾經有短途常用的 777-200、777-300，以及有兩種客艙分別的長程 777-300ER，其中一種配置有頭等艙。還未將空中巴士的機型納入計算，光是 777 型號的客機已經有 4 種

 這本安全手冊，每一年都在更新，「折磨」了我許多年。

花款。當時的訓練，要求一眾新人熟讀每款機型上的安全設備位置，隨時來個抽問。比如說考官問：「某某某機型的滅火筒位置？你答！」你便要答出：「L1, R1 ……」把所有位置通通背出來（行內的 L 即左邊，R 即右邊，至於 12345 是順序數第幾扇機門，L1 等於左手邊第一扇機門）。又或者：「急降海面時，你在 L4 應該帶同甚麼用具逃生？」、「緊急降落後，在陸地上如何啟動無線電信標，以加快救援人員的搜索速度？」、「如果同事在逃生門前失去意識，你的立即反應是 ……？」幾十人一同腦力大爆炸，手冊上面都是淚水。

　　不只是書本上面的資料要吃進腦子裏，有時還要手腳並用。訓練中心裏，有訓練專用的實體機門讓學員們親自動手試試，這道模擬機門十分厲害，導師可以透過電腦做手腳，模擬危急關頭機門堵塞、滑梯充氣失靈等情況，考你的即時反應。逃生門的開啟有一套標準程序，其中一步是要探頭從門上的小窗戶觀察窗外環境，確保沒有火光、煙霧以及障礙物等即時危險才可以打開。導師們連 Observation window 上面的畫面都可以做手腳，有次同學被抽中示範，他看完狡猾的窗後，迅速意識到逃生門不應打開，便指示乘客到其他逃生門離開。導師事後問他在窗戶看到甚麼？他說："I see Dory."（動畫《海底奇兵》〔*Finding Nemo,* 2003〕裏面的角色，是一條蠢魚）引得哄堂大笑。

　　當狂開狂關幾百萬次逃生門後，我們一行人便移師到模擬機艙分組，每六個人一組進行模擬考核，至於其他學員就坐在模擬機艙內扮演乘客。第一次來到模擬機艙覺得非常新奇，因為

入職訓練真的很累
人啊⋯⋯現在翻看
照片發現這段時期
的記錄很少，有點
可惜。

穿救生衣下水的確
是很難忘的經歷，
但願沒有下一次。

它的外表和內籠跟真的飛機沒兩樣：有四道很認真的機門，連廣播系統都是真實能用的，以至密集的座位，洗手間及廚房和駕駛艙都一應俱全，可惜裏面的儀表板都是貼紙黏上去的。模擬機艙在經過設定後，可以讓氧氣面罩失驚無神彈出、亦可以模擬煙霧傳出、還能在模擬客機逼降後，在機艙音響播放令人心寒的慘叫聲。

　　整個模擬測考流程非常仔細，由地面檢查工作、乘客登機、關上機門、進行安全示範、起飛前檢查到真正起飛已經差不多耗時半個鐘。測考途中，定必出現至少一個緊急狀況，考驗大家的團隊合作和反應。坐在客艙的同學們除了幫忙尖叫，還要配合導師安排的戲份比如說裝暈扮死，或是在緊急疏散時躲入洗手間內看學員有沒有仔細搜索生還者；總之就是，非要那六個幸運兒忙得不可開交。

　　大多數同學們都沒有經歷過這種訓練，所以能獲編與從其他航空公司轉過來的同學（行內稱為 Ex-crew）一起進行測考時，都會比較淡定，因為起碼隊伍中有人學過，能壓壓場。有次連同我，六個人當中一共有五個人都是 Ex-crew，導師火力全開地安排了客艙起火，緊接着客機失壓，然後還有乘客心臟病發的戲碼；要是上蒼有天真的想跟我開這種玩笑，但願當場心臟病發那個是我。

　　訓練時正值冬天，課室裏常常聽見其他同學打哆嗦抽鼻子的聲音。最殘酷的是，我們還要穿泳衣下水學救人。小弟不是一個精通泳術的人，頂多能游個幾十米；在水中保持浮起（即是踩

水）這個技巧是我的死穴，我大概一輩子都學不會吧。大家抵住寒冷，懷着勇氣換好衣服在池邊集合後，導師向我們大喊：「懂游泳的去左邊，不懂得游泳的到右邊！」我還在舉棋不定時，已經被推到精英泳隊那一邊去了。該死的，全班起碼有 2/3 人都到了不會游泳的那一邊。精英泳隊們的導師也不是省油的燈：「廢話少講！馬上給我游兩個池！」當我好像剛獲救上水的遇溺人士，還在不斷喘氣的時候，看到隔壁不諳泳術的廢物學員們正在進行的熱身運動是 Freestyle 拉筋，大家的心裏五味雜陳。

　　由於不會游泳的人實在太多，所以當天一個懂得游泳的人要帶着兩個不會游泳的人做練習。導師示範完，隨即便要輪流做一次救人行動給導師考核。要知道救生衣的浮力會讓游泳變得不容易，其次是那些不會游泳的同學們躺在水裏裝死真的裝得很像，雙腳絕對不會稍微幫忙踢腳，考核時絕對幫不上忙。到我裝死時，他們又叫我要在水裏幫忙踢踢腳，讓他們可以快點順利通過。其他小組的人各自裝死一次，救人一次，最後我來來回回的，累得我好像救了全機人。救完最後一個同學後，他問我：「你怎麼看起來那麼累？」

05 走進我們的一天（上）↘

　　某大牌航空公司曾經推出一個「走進我們的一天」影片系列，分別以地勤人員、機師和機艙服務員的角度，帶觀眾進入航空公司職員工作視野。影片中的空姐芷欣美艷動人、意氣風發，還一口流利英語的引起了不少 Youtube 觀眾討論，這段影片照理也騙倒很多妹妹立志成為空姐。今天，芷欣的同門師弟，即是我，也很想讓大家來走進我的一天。

　　剛入行的自己，在收拾行李的時候，總是甚麼垃圾東西都帶上，連鬧鐘我都不放過。

　　連鬧鐘都要帶，只因遲到乃航空從業員的死罪。工作需要時常在時區間穿梭，我可以今天到訪 UTC+9 的大阪，後天就身處 UTC-8 的洛杉磯。除了手機以外，多帶一個設為外地時間的鬧鐘讓我格外有安全感，這樣我就不怕手機失靈或者其他奇怪原因而睡過頭了。有天，我一如以往的把行李放在巴士下層的行李架上，然後到上層坐下。差不多到站的時候，我在梯間便隱隱若若聽見自己鬧鐘的聲音，只見下層乘客的眉頭都紛紛皺了起來。當下我尷尬得想死，但只能繼續假裝沒事。直至巴士靠站後，才秒速抓了行李手抽就跑，然後找個沒人的地方把鬧鐘拿出來拔掉電池。自此，我就再沒有帶那該死的鬧鐘一起上班了。

後來的飛行生活，在接二連三的忘東忘西之後，我總算累積到一些經驗，將一些東西長期放在行李箱裏面，告訴自己一輩子都不會拿出來。

衣物收納袋、洗衣袋

收納袋需要預備 2 個以上，一個拿來裝準備在外地出門的衣服，另一個拿來放內衣褲及 Accessories，像帽子、太陽眼鏡、頸巾之類的小東西，這樣的安排方便整理，需要找東西時也用不着翻箱倒櫃。有時如果前往的目的地極為嚴寒，光是衣物就已經可以填滿一個大行李箱了。至於洗衣袋，則是拿來裝穿過的待洗衣服。

鞋袋

某次在大陸停留三晚，抵埗後才記起自己的行李裏面根本沒有帶外出鞋，結果在同事的慫恿下，在上身衣着輕便，但下身卻穿着制服皮鞋的情況出門吃火鍋。果然，十分成功地融入終日流連街上，無所事事的大叔群中。為避免再犯，日後就在行李箱裏面常備一個鞋袋，以便收拾時，警醒自己記得帶鞋。

充電器、變壓器、WiFi 蛋

　　這個不用多說，外出不帶充電器簡直是在作死吧⋯⋯ 我剛入行就有人跟我說過，組員間如果要邀約一夜情，會致電或親身到目標的房間敲門借物，電源線、風筒等常用物品都可以是藉口。回看過去幾年，還真有人跟小弟借過東西，但對方真心借完就走，並無邪念和甚麼 Happy ending⋯⋯

　　另外，在這邊要抱怨一下澳洲的八字電源插座。使用時，常常出現電線輕輕一拉，就把插頭都扯出來的情況，搞得我每次吹頭髮都得好好拿着風筒不亂動。我那麼溫柔的對待這個插座，為甚麼沒有人用相同的方法對我？

　　WiFi 蛋呢，也是同事介紹我買的。一般的外站停留跟旅遊去玩不一樣，出外旅遊起碼都會在當地待個兩三晚，大部分人一年頂多也只去過兩三次旅行，所以為每個行程購入一張 Sim card 自用當然說不上麻煩。但作為機艙服務員，正常在外站停留的時間頂多一兩天，所以 Sim card 的 3-7 天任用數據我們根本用不完。我也不知道要上多少炷香、扶多少老人過路之後，Rostering（排班的人）才能編我 7 天的黃金班。加上，每個月去狂買 Sim card 實在太麻煩了。有見及此，有獨具慧眼的商人推出自用的 WiFi 蛋，用戶按需要到網站 top up 數據，便可以利用數據在很多地區連接互聯網，只是有些地方的數據跑得較慢而已。是不是很方便呢？我沒有收錢做業配的。

洗漱用品

有次跟一個很要好、同時期入職的男同事飛，抵達後約好翌日一起外出遊玩。當天他一大早就按我的門鐘，説他可以起行了，但當時我還在梳洗，所以便叫他先到房裏坐坐。一看到浴室裏的大陣仗，他驚訝不已，説從沒想過一個男人會帶那麼多梳洗用品上班，而他帶的不過是一支電動牙刷和刮鬍刀。

拖鞋

大部分西方國家的酒店，不論等級，都不太會為房客提供即棄拖鞋，因此又要自備一雙在房間可以穿着的拖鞋。

杯麵、小零食、茶包

「無論下機前吃得多飽，到達酒店房間後都會覺得有點餓」已經幾乎成為行內共識，所以行李箱內一定要有食物以備不時之需。就算閣下是身處應有盡有的飛機上，有時還是找不到想吃的東西，此時行李箱裏的 Emergency rations（緊急口糧）説不定是你的一塊救生浮木。

餐具

　　十個空服員中有八個發生過：想在房間吃麵但沒有餐具的慘劇。不是每一家酒店都可以隨隨便便跟他的餐飲部拿餐具，有些高檔的會收你 Tray fee。我這個窮鬼，最後用了房間內咖啡杯附的攪拌棒來吃麵，我還聽說有些餓鬼同事拿即棄的梳子……。所以，任何東西都可以不帶，筷子不能不帶。

煮食鍋

　　煮食鍋是很多空姐同事都有過的小恩物之一，我也曾經有過一台。但自從一次錯手調錯電壓幫它提早退役後，以及 Ubereat、Deliveroo 這些外賣 Apps 開始冒起，我就沒有再買了。但其實它還是有存在的必要，畢竟無論要加熱從外面打包的食物，還是要省錢自己煮食，都總會用得着一個煮食鍋。

密實袋

　　空服員上機前，隨身物品都需要經過安全人員檢查，跟一般乘客一樣，確認無誤後，才能通行。世界各地機場對空服員帶液體上機的要求都有點不一樣。大部分國家都准予空服員帶多於 100 毫升液體上機，即使是尖銳物品，只要與工作相關也不一定會被沒收。隨身行李的液體要求當中，以英國和澳洲的最為嚴格。要求機組人員跟乘客一樣，不能攜同多於 100 毫升的液體上機，新規定連粉末狀都不行，而且瓶瓶罐罐的數量亦有限制。

其中英國的安檢設備和人員真的很讓人無言，即使我每一次都將身上的一切金屬物品卸下，還是避不過安檢人員的貼身搜查。同事們戲謔：「為甚麼你總是無法順利通過金屬探測器呢？」我哪知道啊，大概是吃得太多深海魚，體內重金屬超標吧！搜完一輪身，過 X 光機檢查的行李又被分流到搜查區那邊去，當 Officer 拿着那張寫着 Antiseptic wipes 問我那是甚麼的時候，我真的不知道該怎麼回答才能不讓他 Take it personally。

大陸的安檢則是天天都說不準，有時拿着剪刀都能通過，有時則要翻開隨身包逐項解釋這個是甚麼、那個是甚麼，絕對讓人無所適從。有次從一個二線城市機場出發回港，安檢人員要求機長交出手上那杯剛剛買的 Starbucks 咖啡。機長生氣極了，擱下了一句 "I don't need a cup of coffee to endanger the aircraft."（我要是想危害這台飛機的話，根本連一杯咖啡都不需要。）大家都知道機長只是因為剛起床心情不好，但大家還是抹了一額汗。

Laptop

我沒有 Ipad，所以飛到哪都帶着 Laptop。有時想查個東西，或是看 Netflix，還是大螢幕的比較爽。

行李收拾好了，接着終於可以出門。

不要問我收拾輕便
行李的技巧，因為
無論到哪裡我的行
李箱都是塞爆的。

在房間裏喝熱茶、
簡單煮食就得靠它
了。

06 走進我們的一天（下）↘

　　回到公司報到，首要任務就是要一個箭步地去電腦前面拍卡。而我的 Lucky computer 是 14 號機，如果你曾經見到有個傻瓜堅持在 14 號機報到，那個無疑是我。拍完卡之後，電腦螢幕會顯示航班出發時間、簡報室編號等等資料，然後就要開始答題。

　　答甚麼題呢？每日考考你的範圍就是安全訓練時學過的所‧有‧東‧西（詳情可參考前文＜出道前要當訓練生＞），而且只有 1 分鐘的答題時間。雖然只是選擇題一條，但答錯三次後會被即時暫停一切出勤，問題亦只會出愈出愈難。出事後要去面見部門經理，由他作後續決定。有人說，結局可能是要再重新上一次為期兩週的安全訓練；又有人說，可能會被解僱，總而言之，就是沒有甚麼好結果。我不止一次在報到的路上被前輩同事抓過去一起答題，有時同事們並非不懂得答案，只是遇到特別陌生的題目時，需要有個人在一旁吶喊助威而已。

　　前公司的 Safety question 環節就沒有對着電腦答題那麼輕鬆了，而是要在簡報時，於全體組員面前隨機抽問。有些可怕的客艙經理，他們所問的問題簡直是一心想終結你的職業生涯，每次我都會緊張得滿手是汗。還好同事之間總會用輕聲、做口型的方式向你提示答案，這個畫面，讓我有種回到了學生時代的熟悉感。

　　飛行前簡報除了問 Safety quesiton，還有其他的事要做。比如說 Cross check 旅遊證件的有效期，如果要飛美國的話更要檢查彼此的簽證。接着便就由經理讀名並分派工作崗位，大家聽到叫名，即要零秒回應並作一句簡單介紹，方便初次見面的同事們認認人。假設經理叫到 Mary，那麼來自東瀛的 Mary 就要秒回一句："Yes, from Japan." 好讓大家知道自己叫 Mary，以及 Mary 的來頭是甚麼。介紹完畢後，經理一般都會說幾句話，比如提醒大家要笑，走路要放輕腳步之類的話。我們這些小薯仔，到這時候就會知道老總大概是甚麼 Style 的人；如果是惡魔級上司，就要皮繃緊一點。根據經驗，如果對方說甚麼 "I am very easy-going"，並不代表可以放輕鬆做事，因為這些屁話多數是騙人的，沒有人會當成一回事。事實是，她極可能比任何一個人都要難搞！

　　我遇過不少魔頭級經理，有一位更是一起飛了足足三次。她的組員名單近乎每秒都在更新，不到最後一刻都不會知道誰會跟她搭檔。那次，我跟幾位同事已經在簡報室內準備就緒，殊不知一通電話打過來，着我們一行五人全部馬上到另一房間進行簡報。而原本執勤的成田即日來回班，亦變成了曼谷即日來回。大家都樂透了，因為除了飛行時間較短，服務流程也相對簡單。可是到達另一個簡報室後，我們再也笑不出來，因為等候我們的正是女魔頭！

　　原來，她腳下的七個小薯們全都告假了，候命抓來的七個人當中有五個更是 Port 上 port（Port 是指 Report sick，而被抓

去替補的人亦臨時告假，崗位前後從缺了兩次），最後來不及找人，只好到別的簡報室抓五個倒霉鬼代替。簡報室內，上至高級艙務長，下至最資淺的機艙服務員都坐得挺直，他們都假笑着，歡迎我們這幾個倒霉鬼加入一同受死。

「女魔頭」主持的飛行前簡報既嚴肅又漫長，整個過程她都沒有坐下來過，一直像個教官似的在簡報室內來回踱步，如果加上一支伸縮警棍簡直就是畫龍點睛。當然，上班也不一定會常常遇到神經病上司，他們只佔少數，遇上了就當練練 EQ 吧。（關於可怕的上級，後文會再詳細敍述。）

完成簡報後，我們會細分成幾個小組，由該艙等的事務長簡單摘要幾句服務重點。如果我的崗位需要在商務艙工作，那麼我就該走到高級艙務長身邊靜候他的指點。該說的話都說完後，就準備上車，從報到中心坐車到停機坪。

機長一般會在巴士上作自我介紹，然後分享準確的飛行時間，其他的資訊大多都不太重要。有時不是我不想聽，而是巴士的引擎聲太吵耳我根本聽不清楚；又或是說好會有氣流，結果沒有、說好沿途天氣良好，結果旅程晃得我幾乎靈魂出竅。但我還是會裝留心、點點頭，一路上當隻小白兔。

接着，機員巴士停靠在停機坪，我們得沿着登機橋相連接地的樓梯登上飛機，機組人員就這樣一個跟一個地爬上這道又細又長的樓梯。還好上天保佑，我未曾在這條樓梯發生過意外。要知道我們需要一手拎着行李箱，一手拿着文件袋的上樓梯，並非如夢幻影片《走進我們的一天》裏，芷欣在 2 分 21 秒時，只用一

✈ 在簡報室內靜候客
艙經理駕臨的每一
秒,我都會十分緊
張。

✈ 上機前的大直路,
如果要扮暈裝死現
在是時候了。

隻手挽着手袋優雅的登機。我曾認真想過，要是真的失足，也不見得會有空出來的手去抓住欄杆。

通訊群組裏面，曾經流傳過一張相片，有新入職的豪邁空姐，將行李箱放上肩膊，像抬石油氣罐般抬上飛機，每次我看到那張照片都會忍俊不禁。偶爾遇到天雨，就是驗證機長或客艙經理有沒有父母心的時候了，好心腸的機長或經理可能會要求司機將車停在客運大樓入口，雖然我們要多走兩步才能到閘口登機，但卻可以免去淋雨濕身之苦。有時機長不願，或是出發時間已經延誤，我們也只好默默冒雨爬樓梯。

登機後，氣吁吁地根據崗位找到自己的組員座位，放好行李後，便開始一系列的準備功夫和檢查了。

首先是安全設備檢查，完成後，需要盡快匯報給直屬上司，如果缺料不齊，便要找維修部門馬上補回。

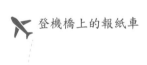

登機橋上的報紙車

　　負責不同艙等的服務員各有不同的準備工作。我最討厭在商務艙工作了，地面工作功夫絕對是比選總統還要忙。負責商務艙的同事需要提前將紅酒從飲料車中拿出，此舉的目的是為了餐飲服務時，紅酒能及時回到室溫。至於其他飲品，則需要狂放乾冰，務求冰到客人敏感牙齒發作。若然稍後被投訴飲品不夠冰，可能會被高級艙務長責難。還需要在登機橋準備報紙車、按客人的數目倒迎賓飲料、準備好當日餐飲服務可能會用到的工具、確保枱布、其他餐巾和毛毯的數目齊全。很多時，餐膳部門在載上用具和餐車時，物件並非機艙服務員展示予客人的模樣。所以飲料車上面那裝滿檸檬片的玻璃杯、砌得整整齊齊的白砂糖和咖啡糖壺、放滿各式醬料調味的調味盒等，都需要找人一個一個的，在極度混亂的廚房內完成裝件，而那個人，就是我這位小宮女。

　　同時，艙務長、高級艙務長則分別在核對正常餐和特別餐的餐點數目、準備加熱毛巾、預熱瓷杯、組裝好麵包籃上放的各式果醬和蜜糖、到駕駛艙 Take order 以及整理最後的登機名單。

　　以上的步驟進行期間，經理會不定時透過廣播，要求全體機員進行 Cabin cleaning check、Cabin security check 以及 PTV check（Personal TV 個人電視系統）以確保機艙清潔衛生、可觸及範圍內沒有不明物品以及所有個人電視都操作正常。當所有檢查做完了，就會開始讓客人極速登機。

　　從組員們登機起計，直至宣佈乘客開始登機，這段時間中間，我最快的紀錄是 11 分鐘。上文提及的地面準備功夫還未做好？誰理你啊？

07 飛機備胎 ↘

無論是球場上、在一段關係裏，或者用飛行哩數換機票，每個人都想自己是正選，沒有人會心甘情願當後備。可是機艙服務員的生態是，人人都要輪流當後備，永不落空。

每次班表出來的那一天，大家都會在簡報室裏吱吱喳喳地討論各自的班表，若然你獲編 Standby duty（候命），各人便會向你投以一個 Good luck 的憐憫眼神。一般的候命短則一週六天，長則連綿十二天，公司會安排不同時段都有足夠人手隨時候命，一收到電話就要馬上跑回赤鱲角報到。每天的候命持續大約六至八個小時不等，這種 Duty 也被禁止進行換班。傳聞每個空服員每年都有一定配額的候命 duty 需要完成，所以長時間沒有拿到候命的人不要太得意，它是會回來找你的，而且來得更猛更頻密。

候命被抓，大部分情況是為告病假的同事替補，但亦有其他情況可能需要用到額外人手，譬如說：飛機調度和大延誤。前者可能是一台需要十個組員工作的 A330 客機出現故障，臨時轉用需要十一個組員執飛的 A350，那麼 Crew control（組員人手編制部門）就要在沒有人告假的情況下，抓一個人來補上從缺的位置。後者，則是長途航班可能因天氣、空中流量管制等等因素而

導致出發時間延誤，令原本值勤的機組人員超出合法工作時數，此時，就要安排另一組機組人員進行替換。

候命最早開始的時段由凌晨 04:00 開始，直至正午 12:00 完結；最遲的由晚上 20:00 開始，並持續至 00:59。由此可見，我們的弟兄姊妹幾乎全天候地進行接力候命。至於子夜時段，由於只有小鳥兩三隻的客運航班升降，所以不必安排人手在那麼沒人性的時間在家等電話。

一般情況下，我們收到電話之後，牛頭馬面部門會給予我們至少 135 分鐘的準備時間，並在限時內趕回公司報到。為甚麼要強調「一般情況」呢？因為如果遇上特別原因，公司可能會給予更可怕的限時，要你立！即！出！門！上！班！，好處是，搭計程車的錢可以實報實銷。

我曾經試過因為某同事在報到後身體不適，被臨時抓去代他上班，結果甫登上飛機，經理便立即關上我身後的機門準備出發，還溫柔叫我 "Take your time."，可是我怎麼 Take my time呢！！！飛機已經正向跑道滑行了好嗎。狼狼地在滿座的客艙中找回自己的位置安頓，同事紛紛前來表達關心 "Oh dear so lucky you made it !"（親愛的，真幸運你來了！）。如果我趕不上，該組人員就要在缺了人手的情況下出發；所以，趕得上的同事都是幸運星。可是在座的客人卻不會懂，他們看到甚麼就會以為是甚麼，只會先入為主地以為你是個上班遲到，還要全機人等你的好傢伙。

135 分鐘的時間其實算夠用的，但盤古初開時，候命的同事就只有短短的 75 分鐘限時。所以當年同事，都會化齊妝紮好髮髻，在家中乖乖的等電話。時移世易，懶豬如我，現在只要記得打開手機的響鬧，就可以邊睡邊候命了。

　　候命期間，我們需要 Remain contactable，即是隨時都能接電話。如果上廁所、洗澡等等原因漏接怎麼辦？就要在第一通未接電話之後盡快回電地府，否則等着你的可能是一封警告信。公司的指引裏，亦白紙黑字註明了不接受候補中的機組人員以手機訊號接受不佳等作為漏接電話的理由。儘管如此，候命 duty 也是算薪水的，雖然拿到的錢不多，但若然「逃過一劫」，還真是躺在家中爽賺。

　　某個候命的清早，直覺認為不會被抓，所以悠閒地下樓買早餐。殊不知剛點完餐，就收到該死的電話。

　　地獄使者：「喂，是死飛仔嗎？」

　　Me：「嗯……是。」

　　地獄使者：「今天有 duty 給你。」

　　（心裏 os：請你有屁就放吧，頒獎典禮嗎搞甚麼懸念……）

　　Me：「嗯，請講。」

　　地獄使者：「想請你幫幫手，做一班 785/784，報到時間 xxoo，下輩子回到香港。」

　　Me：「Ok。」

　　嗯，抓我飛即日來回峇里島那麼衰的班，我的回應必然會冷漠如此。結果那個早餐一路被帶到印尼才被解除封印，那塊吉列

R1600			0600L	0600L	1400L	1400L	8:00	
R2100			1100L	1100L	1700L	1700L	6:00	
R3100			1800L	1800L	2359L	2359L	5:59	
R2200			1200L	1200L	1800L	1800L	6:00	
R1600			0600L	0600L	1400L	1400L	8:00	
R1400			0400L	0400L	1200L	1200L	8:00	
SB								

在家候命的接力賽，從前的日子，R16 的命中率極高，週末更甚。不用妄想會跑得掉，準時起床洗臉刷牙吧！

我每次都是想着：「廢話少講！有屁就放！」的按 Acknowledge 鍵。

豬扒生前也沒想過會死後 travel 那麼遠吧！

　　每個人對候命都有不同的看法，有人恨收到電話恨得牙癢癢，有人則巴不得能逃過每一天。我是前者，因為被困家中等電話的時間過得實在太苦了，而且我不喜歡這種命運不確定的感覺，請給我來個痛快。所以我曾經自投羅網打去問，問他們可不可以優先抓我，結果順利拿到一班台北過夜班，yeah。

　　有時未到開始候命的時間，查班表的網站已經彈出了一個通知畫面。訊息大概是：

　　「喂，你有一個尚未檢查的訊息，要打開看看嗎？」

YES / NO

　　情況是這樣的，安排人手的部門已經早早就為你準備好一個潘朵拉的盒子，打開可能會收獲幸福，亦可能為你帶來災禍。我就像一隻沒有自制能力的小狗，常常都會忍不住打開看看。我曾經擁抱過秋日浪漫巴黎五天班、手裏捧着工作很辛苦但抵達後可以親親小動物的南非班，也登上過畢生難忘的「冥界」大爛班。

　　傳聞裏面，有人曾經忍得住手不去按它，結果當天甚麼事情都沒有發生，順利逃過一劫。所以，候命這玩意，真的好難捉摸呀！

08 一入商務深似海 ↘

　　工作滿一年的菜鳥們，在熟習經濟艙的服務流程後，便會齊齊整整地原班召回訓練中心，準備加入商務艙的服務大軍。

　　訓練的開端是一系列的洗腦，一而再、再而三地強調要用心服務啊、貼心照顧客人需要之類，還強逼我們要跟客人說 "Excellent choice!" 之類的話。所以日後有機會跟服務員點菜時，即使有人稱讚你「挑得真好」，也不用沾沾自喜（說不定在你挑選搭乘哪一家航空公司時，你就已經就挑錯了）。

　　進入正題之後，導師會就商務艙的瓷器碗盤、座位、服務流程，以至比經濟艙更多選擇的酒水種類等作逐一介紹。商務客艙所使用的容器杯具，全都是瓷器以及玻璃製品。在經濟艙，有些客人吃沙律、勺飯、挖雪糕都可以用上同一隻匙羹，我就見過有小孩乘客吃雪糕時，拿的匙羹上還黏着幾粒飯。這種情況若然出現在商務艙，被前輩發現的話我大概會被罵死。

　　「喝西湯有專用的湯匙，吃中式湯麵有調羹，吃甜點就該附上一枝小號的 Dessert spoon。」

　　嗯嗯。

　　「放沙律的叫 Salad bowl，裝飯要用飯碗，Serve 粟米片、乳酪用的碗則是方形的不要拿錯……」

✈ 區域商務艙的佈置是很可怕的，無論是組員還是客人都毫無私隱可言，一走出廚房就數十雙眼盯着你看。

✈ 長途配置的商務艙座位舒服多了，除了能完全躺平，私隱度更是提高了不少。

Zzzzzz······

　天啊！我不過是在飛機上面過了一個布簾，怎麼一切就已經截然不同？

　真正在商務艙裏面工作的機艙服務員只會有一個至兩個，其餘的都是起碼擁有十年資歷的艙務長，甚至是二十多年前就入職，在飛機上是一人之下萬人之上的高級艙務長。二十多年前就入職到底是一個怎樣的概念？當時來往香港的飛機仍然在啟德機場升降、不能上網的流動電話才剛開始普及、世上還沒有 Facebook 和 Twitter、Billie Eilish 還未出生······跟那麼資深的同事一起搭檔工作，作為商務艙裏面最嫩的人，幾乎大部分的厭惡工作都會由你擔當，而且常常被呼之則來揮之則去。總是在登機前準備的期間，我明明手抱兩袋毛毯不知道可以往哪裏放、另有 5X 杯迎賓飲品正等着我去調，忙得不可開交之際，阿姐在走道上跟我遇個正着，還是硬要叫我為她做東做西。

　又有一次，在客人登機期間，我捧着六隻玻璃杯去送飲品。某個不知道哪來的小孩忽然在轉角位跑過來，頓時殺我一個措手不及。即使我馬上用另一隻手去嘗試穩住那些玻璃杯，但仍然逃不過用香檳和橙汁洗澡的命運，地上還爆開了一隻香檳杯。艙務長隨即帶走了肇事小孩，裝溫柔地說：「地上都是玻璃，割到會痛痛的啊！」濕了一身的我拿紙隨便擦了自己幾下，還得趕快清理案發現場。蹲在地上清掃玻璃的那一剎那，覺得自己卑微得像一個小宮女。

經濟艙的人手配置，常常是一個艙務長搭配二至四個服務員，所以任何決定，一般都是艙務長說了算。可是商務艙的布簾背後，是高級艙務長（Senior purser）、艙務長（Flight purser）以及機艙服務員（Flight attendant, nobody cares anyway）三個職級的大亂鬥，別忘了後面還有個老佛爺 —— 客艙經理（Inflight service manager），所以爭鬥起來可不是那麼簡單，一眾小宮女小太監又豈能獨善其身？

　　有時艙務長要我把事做成甲的模樣，高級艙務長又要你做成乙的模樣，你才知道甚麼是左右為難。假如我向高級艙務長如實稟報：「娘娘，可是這是艙務長的意思。」又好像告發了前輩，怕掌管膳食的她不讓我吃飯。縱使我順了高級艙務長的意，按她的方式來做，卻必然會令艙務長不高興。好了，假設上天聽禱告，兩位前輩都同意我的做法，老佛爺卻老是殺出來，說她看不過眼。興師問罪之時，兩位娘娘又爭着將事怪到我頭上來，說：「你怎麼自把自為呢？」

　　唉，商務宮，小人不會做啊！

09 與撒旦同行 ↘

自從高中開始在快餐店兼職賺零用錢，一路上做過大大小小、各種奇奇怪怪的工作。有些工作，就連身邊的人都勸我：「不要幹吧，那些工作是給生活潦倒的人幹的。」我都因為好奇貪玩又任性地試做了一陣子。結論是，無論在辦公室、餐廳、還是在街頭賺錢，所遇到的衝突，就算加起來都不會比在飛機上跟同事衝突多。

我在兩家航空公司待過，工作文化、人事生態其實都千差萬別。唯一相同的是，可怕的同事到處都是。

兩家公司的空服員群體都流傳着一份惡人名單，我們稱為 Top Ten List，提醒各位遇到這些人要小心行事。起初都只是口耳相傳，後來經整理後，成了一份人手一份、家喻戶曉的 PDF 檔案，費心整理的同事真是佛心來着。

名單鉅細無遺地詳列了各大惡人的姓名、國籍、相關大事以及應付方法，有同事甚至針對部分惡名昭著的惡魔上司，加入了他們預計退休的時間。除了機艙服務員，一旦有機長時常添煩添亂、態度不佳的話，照樣會被納入名單。不過名單也並非神聖不可質疑的寶典，有些名單上出現過的名字，一起共事過後，我又覺得不怎麼樣，頂多是囉唆一點。不過上班前參考一下也無妨，所謂小心駛得萬年船，要在這片大海中獨善其身確實需要做點功課。

入行初期，在一次飛行簡報前，初次見面的同事善良地提醒了我一句：「今天的老總 On list，自己小心！」。那時我還不以為然，轉眼機門關上的一刻，才知道今天撒旦與我同行。

她是有了名的嚴厲和直接，一眾同事們都把臉皮繃到最緊，疲於奔命地辦妥各種飛行前準備，免得被她盯上。我當天獲編的崗位，需要在乘客登機後，向坐在緊急出口的乘客講解一段流程，大概是關於飛機一旦遇上緊急狀況時，乘客要做的一些應變。那是一個日本即日來回班，客人登機時，我一直忙於整理放滿手提行李的行李櫃，以盡量騰出空間予剛剛登機的客人放行李。

就在此時，我聽到她在遠處機門大聲叫喊我的名字。沒錯，我被盯上了。

她問我，為甚麼沒有做好我要做的講解，要別人來做。我轉個頭來，才發現那個眉毛畫得比即食紫菜還要粗的女同事甲，正在跟客人指手劃腳的講解逃生門的操作。還沒來得及解釋，她就在眾多客人面前對我破口大罵。我首次見識到她的潑辣，但實在無語問蒼天，吃了一記悶棍後，還得繼續準備起飛的工作，畢竟現在不是解釋的時候。

起飛後，她還不肯放過我。安全帶燈號熄滅了，她氣沖沖的過來，要我解釋剛才為甚麼使喚女同事甲幫我做事。我當然即時否認了這個指控，殊不知惡魔女上司變得更激動，甚至指着我的鼻子，指責我的說法暗示女同事甲說謊。她離開之後，身邊的男同事還說：「唉，真不知你為何要激怒她。」我除了眼框打轉的淚水，就只有滿腔的委屈說不出來。

　　不久後，我還跟她飛過一次。我戰戰兢兢地完成了當日的工作，下機前，她叫所有人圍成一圈，命令同事們逐個批評我工作上有甚麼做得不好，假若有人說不出來，她就會把那人抓出來教育教育。剛剛還跟我有說有笑的同事怕了，只好尷尷尬尬地輪流說我的不是，期間沒有一個人敢抬頭看我，只有女魔頭一邊聽，一邊露出一臉滿足的模樣。

　　發生這一連串的事後，在組員名單見到她的名字，我都會盡量告假不上班，甚至是夜裏想起還會做惡夢。家人見我那陣子精神萎靡，勸我不如試試別的工作，對於我上班遇到的委屈，壓根兒沒有半點概念。

　　後來有次跟同事聊起此事，她拍拍我肩安慰道：「你也不會喜歡生活上遇到的每一個人啦，所以接受世上有人就是看你不順眼，其實不是那麼困難。」想了想，她說的還真沒錯。資深的同事不一定在應付客人方面比你厲害、不一定推餐車快過頭文字D，但既然活得比你久，心臟就一定比你大。

　　我相信每一個與人合作的工種，都總會有人事的爭執，總有人被 Hard time。人們常常問我：「你最怕的客人是哪些？」說實話，客人把我罵一臉屁，我可能還不怎麼難過。但遇上以別人情緒為食的惡魔同事，我真的會怕。

　　出來社會一段時間，那麼多年來讀過的幾百本教科書，本本都一心助我找份好工作、爭取一個有頭有面的未來，卻沒有一個課題教我怎樣料理傷口、怎樣不覺得痛。這些一來就開考的殘酷課題，讀起來實在太難受了。

00:02 機上娛樂

含工作期間，
在機上遇到的麻煩和趣事。

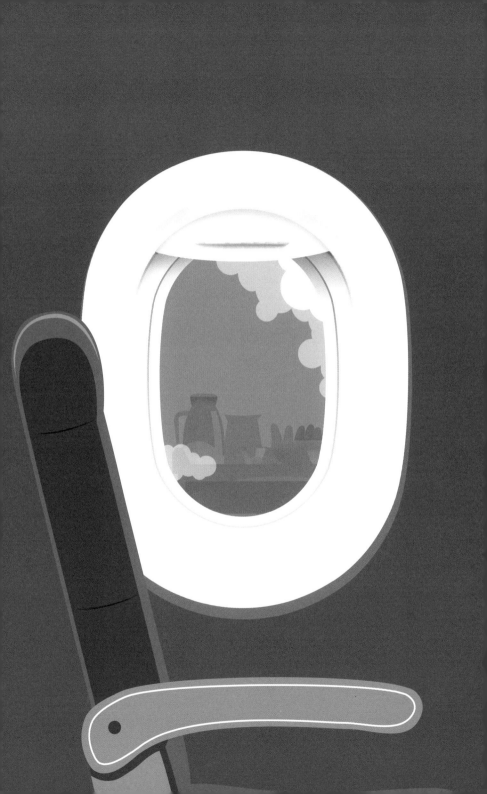

01 想喝甚麼喝甚麼 ↘

吃甚麼喝甚麼，是一道千古難題。

有一個情況我看膩了，這常常出現在家庭或情侶組合的乘客身上。

服務員問：「請問要喝甚麼飲料？」

Ａ乘客（戴着耳機）：「吓？」

服務員示意除下耳機，再問：「請問要喝甚麼飲料？」

Ａ乘客邊除耳機，邊拍旁邊的Ｂ乘客：「Honey要喝甚麼？」

Ｂ乘客（拉下耳機）：「吓？」

Ａ乘客：「Honey，你要喝甚麼？」

Ｂ乘客：「可樂吧。」（然後又戴上耳機）

Ａ乘客：「那麼我要水就可以了。」

服務員又問：「可樂要加冰塊嗎？」

Ａ乘客：「Honey，可樂要冰塊嗎？」

Ｂ乘客（有點不耐煩地拉下耳機）：「甚麼？」

Ａ乘客：「他問，可樂要冰塊嗎？」

Ｂ乘客一面不悅：「要呀！」（然後又再戴上耳機）

我的難處是，如果我自把自為地為所有有汽飲料加冰塊，一定會有客人要我重做；若然沒有特別註明要加冰塊，我就一律不加冰的話，飲料車走不出兩排，就會有客人追過來說我漏加冰塊。

這種戲碼天天、近乎每一班機都在上演。為甚麼服務員來到你的位置服務，你卻只顧着看那該死的電影呢？暫停幾秒會有甚麼損失嗎？其他人又為何總是要諸多討論的：「喂！你吃甚麼？」、「吓，辣的你也 ok 嗎？」廢話少講趕快給我點餐！！！！沒看到幾百人在等我開飯嗎？

對比起陸地上的大多數餐廳，我覺得飲料車上提供的飲品種類，其實已經十分豐富了。

經濟艙的飲品千年如一日，三款果汁有蘋果汁、橙汁、番茄汁，汽水則有 Regular 可樂、零系可樂、雪碧和薑味汽水。可是薑味汽水數量極有限，常常被嗜甜的東南亞客人喝個清光。此外，還有各式啤酒、汽泡水、紅酒、白酒以及琴酒、威士忌、伏特加、萊姆酒（亦即冧酒）、白蘭地等烈酒。熱飲方面除了咖啡，還有綠茶、紅茶、中國茶。至於熱朱古力，你當然可以試着點，但經濟艙沒有配置打奶的機器，不加奶、只泡朱古力粉真的有夠難喝。

某些航線上，我們會在飲料車裏找到航線獨家的飲品。比如說日本線，客人可以點烏龍茶和朝日啤酒，偶爾幸運的話還會有麒麟啤酒。飛機上的各種飲料選擇中，我獨愛烏龍茶。棕色又類透明的色澤，咕嚕咕嚕的裝進塑膠杯，好看極了。再往裏面放幾顆冰塊，整杯飲料看起來跟威士忌沒兩樣。每次餐飲服務前，我都會騙自己那是威士忌狂灌幾杯（切記上班不能喝酒！）。除了好看，它亦是少數不甜、又沒有氣泡的有味冷飲，非常解渴且不會喝得胃氣連連。工作期間，雙手就算不慎沾到烏龍茶，乾透後

親愛的，選飲料真
的有那麼困難嗎？

有時接手別組的飛
機，一打開飲料車
門，林林總總的飲
料罐便傾瀉而下。

也不至於滿手黏乎乎。

　　無論你在經濟艙點了多厲害的飲品，空服都只能用膠杯或紙杯奉上。可是一幅布簾之隔的商務艙，對於杯杯碟碟的講究會是去到匪夷所思的境界。

　　在商務艙，不同調酒的裝飾和容器都不一樣，裝飾品可以是一顆橄欖粒、一片檸檬、一株薄荷葉、幾塊橙皮、一粒櫻桃或者幾片玫瑰花瓣……除了比經濟艙有更多的酒精飲品選擇，還有隔月輪流供應的無酒精調飲。當年的訓練上，光是要聽導師介紹各種調酒的份量、內容和製作方法，我就已經不想活了。

　　熱飲方面，商務菜單上的茶飲選擇更是令人目不暇給，分別有紅茶、綠茶、烏龍茶、薄荷茶、洋甘菊茶、港式奶茶和伯爵茶。能坐上頭等艙的話，資深空服還會連茶壺一整套的茶具送到你的位置。咖啡類則比經濟艙多了 Cappuccino、Expresso 以及 Latte 三個選擇，而上面提過的咖啡和茶包之品牌優劣，已經反映在所屬艙等的票價。嘿！

　　在我心目中，我最不想客人點的飲品就是 Cappuccino。

　　其實弄一杯 Cappuccino 的步驟不多，只是十分耗時。好，來！我們一起來泡 Cappuccino。

　　先來啟動咖啡機，泡一小杯特濃咖啡。

　　「嘎～～～～～～」

　　咖啡機怪叫完一輪，可以把 Steamer 插進去冷冰冰的牛奶裏加熱了。可是，飛機上面的咖啡機 Steamer 很不給力，得連打兩個循環才能把牛奶加熱至合適的溫度，期間還要注意泡沫的

厚度。若然牛奶溫度已經達到 70 度以上，但泡沫還是不爭氣的話，可能會被剛巧經過瞄到的上司嫌棄。

將泡沫與濃縮咖啡融合起來，在泡沫的表面灑上一些朱古力粉，一杯泡沫咖啡就完成了。當你小心翼翼地從廚房端出一杯剛調好的 Cappuccino 時，已經過了不知幾多分鐘，客艙的早餐服務說不定經已完結。還好我並不常接到這類 order，可是總有些倒霉同事，在台北這種生死時速的短途班上，一邊哭着，一邊一杯接一杯地打奶。

早年，我常遇到客人跟我提出烏梅汁、豆漿、芒果汁、椰奶這些奇葩要求，可是我們真的沒有。有一次我真的按捺不住，好奇地向客人們請教，我才恍然大悟，原來真的有航空公司提供椰奶和芒果汁，他們真是佛心來着。

可是當日痴心妄想跟我點珍珠奶茶的太太，請問你是哪來的勇氣？

02 雞飯停　魚薯大量 ↘

　　除了飲品，飛機餐就是大部分乘客坐飛機最期待的事，甚麼安全抵達目的地、行程愉不愉快、工作順不順利統統都不重要了。你不同意嗎？那為甚麼五湖四海、各種膚色的人，都能夠為了一個飯而情緒失控？

　　短途至中程航班，空廚會提供兩個選擇，常態是一個中式飯餐，搭配一個西式的馬鈴薯熱食。但某些航點出發的航班，有時供應的卻兩個都是飯，就比如曼谷。曼谷至香港這條航線的菜單千年不變，永遠是泰式綠咖喱雞飯和中式豉汁豬頸肉飯。當然，總有些挑剔鬼還是會問：「為甚麼兩個都是飯？我想吃麵。」我也只能笑說：「哈哈，我也喜歡吃麵。」然後俐落地塞她一個飯，沒辦法啊小姐，我和我搭檔的口袋裏面都不會有麵。

✈ 我超～愛的魚肉配薯蓉，圖為港龍航班的餐點。

極短途航班如台北、馬尼拉這些，正常只會有一個選擇。遇上客人抱怨怎麼沒有其他選擇時，我多麼想說：「先生，你可以選擇不吃。」

　　從前坐中華航空，也曾經傻到可以，斗膽去問那位台灣空姐今天的餐點有沒有其他選擇。現在回想起來還真想自摑。拜託……飛行時間才一小時多，說不定坐車去機場那趟巴士路程需時還比較長！更何況要在這麼短的時間內餵飽一台滿載的波音747啊，現實一點好嗎？

　　飛行時間長一點的航班如歐澳美加，則會供應兩餐。第一餐的三個選擇十分友善，分別為中、西和素食餐，而第二餐就只有中、西兩項選擇，沒有預訂素食餐的西方乘客只能祝他們好運。話雖如此，一般長途航班所供應第二餐都是早餐，而西式選擇頂多是炒蛋香腸之類的配搭，很多素食乘客都會隨便拿一份西式早餐，自行決定放甚麼東西進嘴巴。

　　有趣的是，為了配合印度航線的飲食需要，德里、孟買、真奈、海德拉巴等航點的餐點亦會提供三個選擇，分別為中式飯餐、印度葷食餐（一般是羊肉）以及印度素食餐三項選擇。

　　香港出發的飛機，飛機餐當然由香港空廚製作。但從日本返港的航班上，就一定能吃到日本空廚的手藝嗎？答案是未必。航空公司在準備膳食時，會因應營運需要和成本，來決定是否需要從當地空廚購入餐點。比如說，泰國曼谷的空廚收費便宜，即使客機抵達後便需要馬上回程，航空公司也會很捨得在當地上餐。至於即日來回的日本航班，當地空廚供應的餐點在品質上一直享負盛名，收費亦當然不便宜，因此從日本出發的返程航班會常常

吃到怨魂不散的香港餐。

我們之所以能夠間中享用到珍貴的日本飛機餐，其中一個原因是某些機型所限，機上廚房沒有空間以搭載足以供應兩餐所使用的餐車，所以公司只能無奈從當地空廚訂餐。可是天下哪有不精打細算的公司？如果需要在收費昂貴的外站訂餐，後勤人員會將餐點以及麵包的數量預訂得跟實際客人數目分毫不差。因此，多少次不小心手滑把餐包掉到地上，就有多少個客人與香噴噴、熱烘烘的牛油餐包失之交臂。

在送餐前，空服人員對於今天哪一個會是熱賣之選都會心裏有數。熱賣的餐點常常都是米飯，它一直是空中銷售戰中的常勝軍。華人嘛，到哪裏都要吃飯。

每個空服員也有自己服務的區域，少說也有十多排客人，滿載的話（早年全院滿載是常常發生的事）即是五六十人。菜鳥時期的我，還真的客人跟我要甚麼，我都會唯命是從地一一送上。後來我發現，這種溝通模式長遠為自己帶來了極大的麻煩。送上飛機的餐點數目是按比例分配的，空廚大哥知道配飯的選擇是永恆的經典，所以中餐和西式的比例少說也會推到 6:4，甚至是 7:3。菜鳥如我，不知道是不是我把飯類的選項描述得太好吃了，在早期常常發生連續十數個客人跟我要飯的慘案，服務到後面客人的時候，只能一直道歉說我沒有飯。所謂「巧婦難為無米之炊」，而我卻是那個明明手上有二十多個飯，還是不出數排飯就被吃光光然後被客人罵的愚婦。

後來有前輩教我，送餐的時候一定要懂得 Merchandise（推銷）。將聽起來不好吃的介紹得好吃一點、本來就很好吃的配搭就要懂得輕描淡寫。

　　有段時間從香港出發的日本航線餐單是怪味柚子味噌醬魚柳飯和番茄醬雞肉長通粉。經驗告訴我，乘客聽到魚類的選項大多經已退避三舍，更何況另一款是飛機餐界的長勝將軍雞肉君，加上日本人又愛吃 pasta……。但只要將前者描述成「和風柚子醬燒魚柳飯配時蔬」，就能騙到很多定力不足的客人自願點選怪味魚飯，更理想的是完成餐飲服務後，餐車內有多出來的雞肉長通粉可以拿來救隊友。

　　假設當天熱賣的是雞肉飯，當餐車內的雞肉飯快被吃光，艙務長（即是 Purser）就會在餐車之間來來回回地協調各種選項的數量，以避免出現：這邊餐車還有雞肉飯、另一條走廊的餐車卻一個雞飯都沒有的尷尬場面。要知道，很多上年紀的華人乘客，老愛用喊的跟坐在遠方的鄉里親戚溝通用餐選項，關於雞肉飯的一切，你是瞞不過的。

　　雞肉飯快將沽清，空服員在餐車之間來回跑，互相問：「你還有雞肉飯嗎？」的畫面是多麼的緊張刺激；而眼前的客人，得知最後一個雞肉飯剛剛被前面椅背調得極不客氣的大叔吃掉時，又是如此的激動：

　　「為甚麼沒有雞肉飯！我要吃飯！你為甚麼不給我飯！」

　　我盡力克制自己，心平氣和地安撫着這位客人，説服他高抬貴手給魚柳馬鈴薯一個機會。到下一排，客人得悉雞飯售罄後的劇本都幾乎一樣，甚至還把自己是綠卡會員的身份都搬出來。如果不是礙於職能，我早就拿起話筒用乘客廣播大喊一聲：「雞飯停！」一了百了。

　　可是，小人不敢啊！

03 你以為的空中侍應 ↘

　　世界上最永恆不變的不是愛、不是 Cash，而是本地航空界有甚麼新聞，留言區裏面就會清一色的冷嘲熱諷。這個世上總有人認為機艙服務員的工作易如反掌，日常只是將 "Chicken or beef" 以及 "Coffee or tea？" 掛在嘴邊；他們職位低微，卻天天嚷着要發動工業行動試圖危害公司及客人的利益。我們暫且不談大眾漠視勞工權益的嚴重性，先來了解一下諸位口裏的「空中侍應」，到底是一份怎樣的工作。

　　儘管我們表面上的職責確實跟餐廳裏為客人點菜的侍者相差無幾，但在機艙內提供餐飲服務的混沌之外，實際上，我們還有其他不為人知的面貌。

　　很多年前，我偶然讀過一篇新聞報道，內容是在某班香港往杜拜的航班上，客艙忽然傳出驚叫聲。一名機艙事務長上前了解情況，赫見驚慌失措的母親懷裏抱着一名臉色灰白的女嬰。事務長隨即接過女嬰，掏出塞在嘴巴裏的餅乾，開始施行人工呼吸及心外壓。期間，事務長一邊急救，還要一邊阻擋試圖搶回女嬰的母親。慶幸的是，最後女嬰恢復正常呼吸，事件中的機艙事務長亦在後來獲得表揚。

　　後來進入了航空業，一把鼻涕一把眼淚地挺過了安全訓練。名義上，我的而且確通過了機艙服務員的安全訓練，就跟那位機艙事務長一樣。但是，每一個起飛降落、每一次遇到客人身體不適，我還是會膽顫心驚。畢竟危急關頭下，乘客的安好取決於你的反應和表現。而我並沒有信心遇上一樣的狀況時，反應可以跟她一樣專業。

　　在第一年入職的年度複訓結束後，我在一班飛往悉尼的班機上執勤。我注意到一位澳洲籍女乘客，她在兩次餐飲服務中，都拒絕了用餐，只有三不五時向服務員索取瓶裝水。我曾經上前關心，問她是否有特殊的餐飲需要，但她卻說沒事，只是有點累。

　　機長在抵達目的地前進行了一次乘客廣播，不少乘客趁着陸前再上一趟洗手間。只見她跟着人潮，扶着椅背站起來，走了兩步，便隨即虛弱無力地倒下在地。「呼」一聲的讓機艙裏的所有人瞬間驚醒，並四處張望，試圖尋找聲音來源。

　　當時我身處的位置最接近那位女士，因此立即上前協助。我先要求附近看熱鬧的人散開，然後跟着指引，跪地猛地拍她的肩膀，第一時間檢查意識。確定失去意識後，便着身邊的乘客馬上為我通知其他機組人員。期間，我一秒都不敢放鬆，調整頭部位置打開氣道。繼而開始進一步檢查脈搏和心跳，我戰戰兢兢地將一邊耳朵靠近女士的嘴巴，又把視線落在她的胸口上，竭盡所能地去觀察、感受她的呼吸。手指也沒有閒着，食指和無名指在她的手腕處慌亂地遊走，探查着或許僅餘的一些脈搏，可怕的是，

✈ 以為我們只會問
coffee or tea 嗎？好
啊～
你最好餘生都不要
在機上身體不適。

✈ 圖中這個是 Inflight
Medical Kit，連這
個都拿得出來，即
是事情真的開始變
得嚴重了。聲明：
圖片拍攝當下，處
理醫療狀況的人不
是我。

指間的脈搏一秒比一秒緩慢、微弱，我無意中多次在她脈搏施力，妄圖從更強的跳動中找一些安全感，可是事與願違。當下，我的感覺是手裏有一個有血有肉的靈魂，正一點一點的被死神奪去。

她的脈搏越來越弱，有一刻我甚至甚麼動靜都感覺不到。我想，再倒數十秒，若然眼下的人最終沒有恢復任何生命跡象，恐怕我就要第一次在真人身上施行心外復甦法。

最後倒數兩秒，女乘客忽然猛然吸了一口氣，好像魂魄忽然歸來，虛弱地喘着氣。

忽然傳來一把聲音説「Raise her legs, quickly!」

我抬頭看，是菲律賓籍的上司，身邊有位同事手裏拿着口對口人工呼吸面罩和手套。組員透過衛星電話諮詢了國際醫療團隊的意見，我們開始對這位乘客輸氧，並為她補充了一些糖分，確保她的血糖能一直穩定。就這樣，她按照醫生的意見一直橫臥在三個座位上，聞着氧地抵達悉尼。

機門打開後，她便坐上地勤人員安排的輪椅，在醫護人員陪同下離開飛機。隔天，才從當地地勤人員口中得知女乘客仍然留醫，正準備接受一系列的檢查。而不適的起因是身體過度勞累虛弱，她前日從英國出發，中停香港六小時，直至快將抵達澳洲的近三十小時期間，她一直沒有休息過。

下機前往機員下榻的酒店路上，我疲倦極了。旅途上，除了身體正承受氣壓轉變所帶來的影響，更因為乘客突發的醫療狀況，讓我的神經十分緊張。

抵達房間並洗漱過後，我掩起了酒店房間的窗簾，沒有為房間留一絲日光。接着便癱軟在床，寂靜的房間裏除了小冰箱運作的微微聲響，就只有我規律的呼吸聲。腦海忽然又閃過一個畫面，裏面有我跪在地上，拼命去尋找病患呼吸聲的畫面。

　　事後的每一次回想，都是一個考驗，因為畫面不再是短片，不再是角色扮演，實實在在的醫療狀況太可怕了。訓練期間所習得的急救知識雖然珍貴，但我誠心祈求上帝日後千萬不要讓我學以致用。

　　曾經，我從澳洲珀斯飛回香港後，為了把握時間享盡年假，立即更衣登機前往歐洲。在法蘭克福機場等候轉機時，我的一邊手臂開始麻痺，其後痛苦得難以入睡。好不容易抵達法國朋友的家後，又餓又累壞的我，一邊吃晚餐時一邊強忍痛楚地猛流眼淚。

　　這些經驗教曉我：睡覺是好東西，沒事就多躺下休息，懂了嗎？

04 躺着賺的兩三事 ↘

第一次坐飛機，那時的我甚麼都不會，最期待的就是吃飛機餐。現在的我很少當乘客，卻還是甚麼都不會，飛長途航班我最期待的是睡覺。

是的，機艙服務員在餐飲服務後，都會分組休息。這個安排絕對不是航空公司大發慈悲讓我們躺着爽賺時薪，而是民航條例對空服員的連續飛行時數有作規管，以確保我們在緊急情況下能迅速作出反應，協助全機乘客逃生。所以一般歐洲、美加的長途航線上，我們每人都會有三至五小時的休息時間。

公司現役的三大機型中，只有 Airbus350 和大部分的 Boeing777 航機上設有機組人員休息室，亦是我們口中的 Crew bunk。這個飛機上我最喜歡的地方並不豪華寬敞，裏面不能直立，貫穿到底的通道只足以讓兩個人勉強通過，即等於經濟艙走道那麼寬。如果比你先上休息室的同事腰圍驚人，除了要先等她整理完床鋪後你才能通過，還要冒着她彎腰時衣服爆開射鈕扣打中你的風險。

A350 的休息室設置在機尾、經濟艙廚房的天花上方，最大的那一張床位下面就是世界最大杯麵集散地。為了不騷擾到在上面休息的同事，廚房裏值勤的空服得盡量安靜。幾個人在裏面輕聲細語沖杯麵的畫面真的有夠奇怪，有些大嗓門客人過來廚房要

✈ 空中巴士的睡床極
不舒適，大部份時
間我都在裝睡。

飲料時，我真想衝前把他們的嘴巴搗住。

　　休息室中段的兩張床一般由艙務長來睡，大小還可以接受，跟 777 的床鋪差不多，只是好像更短一點。最裏面三張床的設計蔚為二十一世紀最叫人流淚的奇觀。那三張床迷你如棺材，中間以兩塊薄牆隔開，但三張床的出口共用，即是只要一個人正在出入，其餘二人都得呆在那邊。裏面的空間小得可怕，連坐都坐不起來，要睡的話得用爬的才進得去，我躺着的時候摸天花的手也不能伸直，你想像到有多狹窄嗎？

　　此外，不知道空中巴士公司哪個天才，想到要用魔術貼去固定其中一幅兩面布簾，於是當你解開棺材床的封印時，就很可能吵醒其他人心裏的惡魔。而且每張床都有一個顯示屏幕，那個屏幕就算沒有任何訊息顯示也會發光。我本來以為那個屏幕埋藏了甚麼神的指引要隨時通知正在休息的同事，直至某日我發現那只是一個安全帶指示燈……有見及此，不少同事會用各種東西把那個恍如隨時看見上帝的發光屏幕封起來（不過公司說這個是不允許的喔）。

　　至於 777 的休息室就好得多了，每張床鋪的大小一模一樣，而且空間比起 A350 大得多，睡不着的話絕對可以坐起來看書、滑手機。至於睡哪一張床，我們也有一套規矩。除非事先說明，否則一般都是經理級的睡最外面那張床，因為那張床最近休息室入口，彎腰走動的距離最短；也由於只有該床設有可與機長緊急通話的電話，所以佔據該床的人定非等閒之輩。不過也有些淺眠的資深同事，會特地挑最深處的床鋪，避開一切凡塵入夢。

休息室的設計已成定局，無論我們滿意不滿意，也沒有辦法再作任何改動。但因為執着，所以卓越；為了在機上睡得好，幾乎每位空中服務員在休息前都會準備一套架生，有些主流的必備小物可以分享一下：

口罩

機艙上的濕度長年只有 20% 左右，差不多跟沙漠一樣乾。嬌生慣養的我在地面遇上 50% 以下濕度已經呱呱叫了；所以戴口罩睡覺可以確保睡眠時，吸入的空氣有一定濕度。戴着口罩睡的確很難習慣，但習慣了之後，其實也可以睡得很香。雖然偶爾還是覺得乾燥，但起碼睡醒時不會失聲和一副乾屍樣。近年日本開始有賣具保濕功能的口罩（其實不過是裏面加一張濕紙巾），用了的確咽喉不再因乾燥而痕癢，但買了幾盒之後因為覺得很貴，寧願把錢拿去玩夾娃娃機……（我對上一次在日本玩夾娃娃機是何年何月呢？）

水

可能因為 Crew bunk 長年不清潔，塵蟎多如繁星，或者只是單純乾燥，我總是三不五時就喉嚨痕癢。一簾之隔的同事們睡的正香，如果我忽然咳嗽大作的話大概會惹來殺身之禍。

耳塞

有時在街上遇到認識的人，離遠叫她一聲「喂，Crystal！」，整條街的人都會回頭看你，那個撞聾的 Crystal 卻自顧自的繼續走。長年累月在飛機上工作，日日夜夜的引擎聲早已讓我們的耳朵不怎麼靈敏，但睡覺的時候，卻不知怎麼長一雙千里耳，一切俗世的聲音都覺得好煩，這個時候需要的就是一雙耳塞。

暖水袋

暖水袋一般只有部分女同事才會帶，我從沒見過有男人用，不過它有時可能會救你一命。有次冬天飛多倫多，因為 Crew bunk 的溫度調節壞了，溫度跌到只有 6-7 度。我在這個冰箱待了四個半小時，有三小時都在裝睡。蓋了三張被還是覺得：天啊，老子好冷！當時我多麼想擁有一個暖水袋。

Apple Watch

我平時都比較喜歡戴指針錶，總覺得手錶要充電實在太……要三不五時充電的東西已經夠多了好嗎？但後來偶然跟同事聊起，才知道 Apple Watch 的鬧鐘，響鬧時只會震動你的手腕。要知道每個人睡醒收拾床鋪和整理出一個像話的儀容所花的時間都不一樣，能在不吵醒同事的前提下弄醒自己，這個發明實在太棒了！不過，深度睡眠的懶豬無效。

其實每個空服需要準備的東西都有點不一樣，有些人會換睡衣，有些人會帶耳機聽歌。要休息得好，不可以只追求裝備上的精緻，因為萬千準備都可能敵不過尿意。我不只一次在休息時間期間下床去洗手間，穿好衣服上下樓梯來來回回好煩啊，回到床上又可能已經睡不回去了。OK，小不忍則亂大謀，忍一下可能就好了。然後該死的氣流就來了，滿載的膀胱就像被搖過的可樂罐那樣，那一刻我多麼的想死。

關於睡覺，還有一件決定性的細節很多人未必知道，A350 的機體較波音 777 輕，所以波音 777 大部分時間都飛得較穩，在上面睡都睡得比較香。當年我曾瘋狂換走 A350 的班機，純粹是因為不想睡 A350 那個泯滅人性的棺材休息室。未來如果有更多新型號飛機面世的話，真希望飛機生產商可以把機組人員的人權納入考慮。寫了那麼多關於機上睡覺的事，我又有點想睡了……zzz……

一般人只會拿便條紙來貼一下，這個是我見過最有創意的遮光方法。

我……覺得好冷。

05 不是免費的嗎？ ↘

大多數年輕人都有搭乘廉航的經驗，他們的機票定價非常親民，讓很多預算有限的背包客一樣可以遨遊天下。在入行前，我也因為這種經營模式的出現而有幸到過一些地方旅行。我在擠逼的機上無所事事，除了眼睛一直盯着在前方布簾出出入入的機組人員之外，還會開始留意身邊的乘客。

旅行者們一般都很懂得坐飛機的禮儀，大部分乘客都不是第一次搭飛機，知道行李在起飛降落期間不能抱在膝上，安全帶燈號亮起期間不能離開座位，要換座位、一切吃喝都需要額外付費……但，總有些例外的人。

那些乘客大概每年只能趁着長假期出門一次半次，甫登機便跟機組人員又要枕頭又要毛毯，就座後又嚷着説要水要咖啡。當空服憑空變出一份價目表，指着價目表表示一瓶水、一張毛毯分別索價 22 元和 100 元港幣時，又板着面説自己不需要了。後來，當飛機爬升至巡航高度，乘客可以自由在機艙走動，進入洗手間前的他們還是要自以為很酷地挖苦一句：「上廁所不用錢吧？」然後摔門而入。

　　傳統航空公司的票價已包含了大多數服務，餐點、酒水、毛毯枕頭、寄艙行李額度等等……只有少數如升艙、加長座位需要額外收費。不過，有些你以為成年人會懂得自律而不必多提的規矩，事實未必如此；比如説：有人會當甚麼東西都免費。

　　要數機上最容易被順手牽羊的公用物件，洗手間內的護手霜定必榜上有名。幾乎每一位同事都遇過放置護手霜的置物架上竟然空空如也的情況，可是機上不常有備用的護手霜，無奈只好讓它空在那邊，當有客人問起的時候，大家唯有聳聳肩説不知道。可是你有張良計，公司也有過牆梯，後來的新 Airbus 350 系列的洗手間設計，故意加固了護手霜的置物架，讓護理用品從此不再那麼容易被取去。

洗手間的潤膚液和洗手液經常不翼而飛。

另一類，就是餐盤上的杯杯碟碟。説不定是公司的餐點太好吃了，客人連碗碟都吃光光。這種失竊情況多見於年長的乘客，我一般都不哼一聲地接過空空如也的餐盤，免得尷尬。不過，遇上要求多多，又不懂禮貌的客人想要私吞餐盤上的用具時，我就會微笑問他：「請問碗碟都往哪裏去了？」非要讓他難堪不可。

這些小東西都只是公司的財物，少一件還是少一雙我們都不痛不癢。可是當偷雞摸狗之手伸到我們身上來，就不能夠姑息養奸了。

機組人員一般都會將部分私人物品存放在備餐區裏，然而這些東西卻常常不翼而飛。比如説日本買的飯糰、咖啡飲品、自備的切片水果、台灣便利店購入的即食雞胸、榛子朱古力零食……就連喝到一半，瓶口滿佈唇膏印的礦泉水都曾經被客人據為己有。

有次飛上海，有休班的同事以乘客身份登機，溫馨地向組員送上一大包朱古力餅乾。前輩收過後便存放在備餐區的收納櫃內，本來打算餐飲服務後可以拿出來一同分享，但那個櫃桶卻變成黑洞，我們再也找不着那包餅乾。正當我們納悶之際，有同事竟然接到客人要求 encore（再來一個）朱古力餅乾的要求。細問之下發現，組員們在忙於送餐時，內地旅行團領隊趁着廚房空城之際，擅自取去餅乾並分發給他的一眾團友。

前輩聽畢，當場與領隊激烈理論，領隊卻毫不在乎，不負責任地擱下一句：「我以為食物都是免費的，哪知道呀～」，我們一行人還真的無語問蒼天。

　　還有一次，新同事放在備餐區內正準備享用的自製炒麵，但她上了個洗手間之後，炒麵就不知所蹤了。事件激起了我們的怒火，一眾正義感滿滿的同事們衝出客艙，目露凶光地巡視每一位乘客。男上司將一個中年男人捉個正着，坐他旁邊，原本還在熟睡的同行家人在將事情的來龍去脈問個明白後，似乎比我們更激動，連珠發炮地將炒麵小偷鬧得狗血淋頭。新同事即使氣在頭上，但由於場面尷尬，加上客人道歉連連，最後亦只有口頭警告了事。

　　滿肚子怨懟的我們回到廚房後，紛紛拿出私伙食物跟她分享，原本彼此間還有點距離的團隊，瞬間變得親密又溫暖。

　　閒時跟朋友分享這些故事，得到的回應都是：「那些乘客對於甚麼能取，甚麼不可擅取，可不可以有點 Common sense 啊？」

　　可是親愛的，Common sense 真的不 common 啊……

06 我不是石頭爆出來的 ↘

每次跟好久不見的親戚、舊友見面，問起我現在的工作，無不驚訝不已。往日說話不饒人的小孩，今天竟然投身服務性行業，謙卑地奉茶遞水？

首先，我由始至終都是那個伶牙俐齒卻又固執任性的死屁孩。其次是，雖然在服務性行業工作免不了受氣，但只要有底線、守得住尊嚴，便沒有人欺負得到自己。

影視作品裏面的刁蠻女主角，在公主病發作時會對人百般責備，甚麼難聽的說話都講得出來。我本以為，只要我抵禦得住那些尖酸刻薄的話，心裏就不會難過。可是少年你太年輕了，老掉牙的 Theory 說人類的溝通當中，就有超過一半屬於非言語溝通，即是肢體動作、語調等等。工作期間最令人心裏難受的，往往就是乘客的一些小動作。

送完餐後，還未來得及喝一口水，乘客們便開始催促服務員趕快前來收餐盤。從第一天飛行，直至今時今日，我都覺得隔着手套摸到剩飯的感覺噁心至極。可是，這也是我工作的一部分。

一台餐車大概能收五十個餐盤，視乎餐盤大小（長途機的餐盤大一點點，但份量一樣）。堆放餐盤的過程中需要不停蹲下、起來，加上不時地為客人添熱茶咖啡，常常因此忙得一身汗。

　　當時，我正接過一個乘客的餐盤，並蹲了下來嘗試整理，餐盤上的碗盤一個個疊高我根本放不進餐車裏去。此時，我身旁的女士正俐落地清理桌面把摺枱上的餅乾碎、麵包碎往走廊方向掃。別忘了我還在走廊蹲下整理餐車，結果，餅乾碎和麵包碎都灑到我身上。我瞪着那位乘客，大概是我的目光太熾熱，她馬上就察覺到，卻一臉疑惑，不知我怒髮衝冠所為何事。

　　除此之外，有一次飛曼谷，快將抵達的時間，服務員們拿着托盤到客艙循例清理乘客桌面上的杯杯盤盤。我手裏的托盤很快就裝滿了各種垃圾和紙杯，有個中年男人截住了我，示意要我收掉他手上一張薄如紙的耳機包裝袋。我禮貌地請他等等，我待會再過來收。然後，他驚人地將手裏的膠袋往我的腋下處塞，塞完還一臉得意。天啊！先生你到底是哪裏不對勁？

　　回到廚房，我立刻將這個故事講了一次給同事們聽，引得哄堂大笑。有同事想為我討回公道，帶我出去跟那位客人說：「請你尊重我的同事，如果他說等等，那就請你等等，不要往他身上丟垃圾。」然後揚袖而去。我是多麼感激同事們對我的維護，可是需要教育的客人，又豈止他一個呢？

　　我還聽過一個前輩分享的故事，頭等艙客人向服務員指定要一份半熟蛋早餐。可是艙務長做了六份，都無法令挑剔的乘客滿意。最後送上第七份蛋時，客人終於勉強收下了，叫服務員不必再做，一臉嫌棄地呢喃：

　　「反正我也不吃蛋黃。」

　　＃＠！＄＠＃＄％＄︿＃＆！！！！！！！

07 鬥獸棋 ↘

一趟行程，就是一局鬥獸棋。我說的不是機組人員之間的角力，而是座上客之間的階級鬥爭。

世界各地的航空公司都有推出自家的會員計劃，目的是累積會員，吸引客人多次搭乘。辦了會員卡，累積到一定的飛行里數就能升級，在訂位、辦理報到手續、登機、提取行李等等程序時可以享有特快的禮遇。成為高階的會員，甚至可以享有優先免費升艙、在某些目的地特快通關的優待。

某惡霸航空公司忽發奇想，開始像個童黨一樣，拉攏不同的公司建立起航空聯盟，促成了 One world、Sky Team、Star Alliance 這些幫派。飛行聯盟的作用是透過分享彼此的飛行網絡，向乘客提供更多航點選擇，從而提高自己的載客量。除了一同發大財，盟友亦能幫忙互相掩護一些突發情況。例如，Ａ公司的飛機因機件故障而不能如期出發，經營同一航線的Ｂ公司如果航班的情況許可，將會協助接收受影響的乘客，務求盡快將他們送到目的地。

隨着版圖的擴大，航空公司的會員人數亦越來越多。週一早上的上海、北京、新加坡航班幾乎跟早上九時的金鐘站月台沒兩樣，機艙坐滿了衣着整齊的商務客人，至於乘客名單？我簡直可以以金光閃閃來形容。這些商務客幾乎每個週末都在華東華南以

及東南亞之間飛行，即使只是亞洲區域行程，但他們不消半年就能從綠卡攀上金卡。名句「我飛行的次數比你多！」，亦只有他們有資格罵。

公司的服務手冊要求機艙服務員與尊貴的會員對話時，需要 Address by name（以姓氏稱呼）以表達對他們的重視。其實要記住幾個特定客人的名字，對我來說易如反掌，但當我服務的區域坐上 20 個金卡客人和 12 個鑽石卡客人時，我就會選擇一秒放棄。話雖如此，我還是會乖乖抄下他們的名字，然後服務到他們的位置時亂叫一通，看誰會生氣。

前文提過，餐飲服務期間不時會發生某項餐點沽清的情況。這個情況一旦發生在尊貴的會員身上，就會一發不可收拾。我曾經見識過一個客人，因為點不到牛肉馬鈴薯，而口出狂言說要把同事投訴到連工作都保不住。一個有經驗的服務員為了自身的福祉，會懂得事前為至高無上、吃不到如意的餐點就一定要大發雷霆的會員點餐並預留選項。可是有些情況，空姐空少被責難是無法避免的事。譬如說，大部分客人都是銀卡或以上等級會員的時候。

一次候命，我被抓飛即日來回上海班。當天的客艙經理是榜上有名的十大惡人之一，我以為我已經夠倒霉了，直至我遇上座位 45A 的麻煩鬼陳先生。

那是一次難受早餐服務。

有人問：「茶壺裝的是不是紅茶？」

我回：「是，沒錯。」

她説：「那麼我要一杯綠茶。」

另一位客人問："What drinks are you serving? " 你有甚麼飲料？

我答："We have coffee, tea, juice, soda and still water." 我有咖啡、茶、果汁、氣泡水和水。

他該死的回我："Then get me a coke zero."

餐車推到 45 排，艙務長悄悄在我耳邊説：「雞肉粥沒有了」。正當我想轉身回她：「不是吧！」只見她經已一個箭步竄回廚房。

陳先生一臉不悦的聽我介紹早餐有甚麼選擇，當我説到今天經已沒有雞肉粥時，他立即火爆起來：「等等，你給我再説一次，你是説我現在沒得選嗎？」

這時，坐在他身旁的乘客頓時僵直起來，全身只有眼珠在動，八卦地瞄了陳先生一眼。

我放輕聲地回應「很抱歉暫時我手上是沒有了，可以容我跟其他同事溝通一下嗎？」（我當然知道沒有了就是沒有了，這一系列動作也只是演戲給他看）他沒有回答，賭氣地張開了案上的《南華早報》繼續閲讀。

過了一會，我回到他的位置，告訴陳先生我們今天沒有雞肉粥的事實。我向他提出另一個餐點的選項：炒麵配蘿蔔糕 ── 這是一份特別員工餐，但由於同事經已告假，所以餐點並不屬於任何人。可惜的是，我實在低估了他想吃雞肉粥的決心，這位起碼 50 歲的金卡大叔會員不斷發作，説：「我是一個金卡會員，

ＸＸ航空是怎麼了？為甚麼坐我前面的人都有粥可吃，但我一個金卡會員卻沒有？」此時，十大惡魔經理已經飄到我的身後。她示意要我退後，然後讓陳先生看了一眼平板電腦上顯示的會員數目，說：「不好意思，我們今天的航班還有四十個鑽石卡會員，他們也不一定有粥可以吃。如果你有意見，我稍後來協助你填寫意見書好嗎？」

只見麻煩鬼的面紅了起來，默不作聲。

下班後，我親自向惡魔上司道謝，謝謝她出面解救我。然而她微微笑說：「當然，只有我可以 Hard time 你們，客人們不可以。」果然變態。接着她說：「開玩笑的啦，評分給我寫好看一點就好。」

如果這張便條紙被乘客拾到，說不定我的飛行生涯就會到此為止。所以有甚麼話，請輕聲細語，不要留下活證。

每趟航班之後，空服員都會收到一個直屬上司給予評分，這個分數能大致反映每位機組人員的工作表現。經濟艙的組員由艙務長給分，商務艙的同事則由高級艙務長評分。至於各艙務長的分數，就會交給客艙經理來評比。那麼客艙經理的分數呢？有趣地，分數的高低決定於最底層的服務員手上。

　　小時候玩鬥獸棋總覺得莫名其妙，大象明明是吃草動物，應該一般不會吃獅子的啊？至於老鼠，牠又有何能耐可以害死大象呢？可是在飛機上，刁蠻的客人是獅子，客艙經理是逼不得已也會跳出來吃森林之王的大象。而我，則是有能力偷偷打分害死大象的小老鼠。

00:03 下班了，
我就不再
是你的人

✈ 下班過後，
外站/在港生活的點滴

01 爆買的空姐 ↘

採買，是空姐的第二生命。

從前在蚊型航空公司工作，每幾個月獲編一班東京過夜班簡直如獲至寶。我們下午五時在香港報到，火速來回一趟台灣，深夜再執勤往東京。這種編制稱為 three sectors，即 3 趟飛行，剝奪員工意志的 Rostering 能藉此盡用機組人員的工作時數，提高營運效率。

飛機抵達羽田機場時天色漸亮，不論客人機員、男女老幼，個個面如死灰。我 20 歲人都已經累成這樣，真搞不懂帶同嬰兒搭乘凌晨機的客人是甚麼居心……

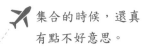
集合的時候，還真有點不好意思。

　　小睡三兩小時，正午就要出發到市內 Shopping。冬天天黑得很早，大概下午四時已經看見月亮爬得高高，而且午夜四點多又要起床 Check-out 回港，所以要及早完成任務歸房小歇一回。下午五六點在 JR 川崎站，像個失心瘋似的把半個日本扛在身上候車，這種生態，現在回想簡直是非人生活。

　　後來加入樹大好遮蔭航空，以為飛到外地爆買、把每一個在外站的日子，都當成生命中的最後一日來過的這種想法會被改變。殊不知，我只是到了更多地方敗家。

　　日本有甚麼好敗根本不用我多講，讓我來講講本人心水，但外人最意想不到的爆買地方。

　　猶記得初次飛 3days（連同去程回程及停留時間，總行程需時三天）的雅加達班，抵達後在行李輸送帶才赫然發現只有自己沒有帶額外的行李箱。我好奇問同事：「印尼為甚麼要帶大號行李箱？」。同事邀請我一同到超市，手舞足蹈地介紹貨架上的清潔及衛生用品。無論是地拖塵紙、洗手液、洗衣液、沐浴用品……一切國際大牌出產的商品，在印尼超市都極度便宜。舉例說：種族歧視牌牙膏，香港賣 20 元，在雅加達的超市只賣 10,000 盾，即港幣約 5-6 元，簡直是跳樓價。而水果之類農產品，在香港很不好找的水果如大樹菠蘿、蛇皮果、龍宮果等等……都很容易買到，作為熱帶國家，印尼水果的種類實在十分多元。

　　另一個地方是以色列，若然不是同事塞錢進我的口袋，我也不知道大家連以色列特拉維夫都能爆買。

知名個人護理品牌 Sabon 來自以色列，當地專門店在賣的是香港專櫃的一半價錢⋯⋯當中以潤膚霜及身體磨砂最廣為人知。據聞有同事還做起代購生意，為了入貨瘋狂換特拉維夫的班，可是飛過以色列的人都知道，那是一趟會讓人抱頭痛哭的航程。細細聲分享：普遍以色列人都不好對付，加上特殊飲食需要，TLV（即特拉維夫當地機場的國際呼號）班都會有海量的猶太教餐點需要準備。因此我從來沒飛過這個地方，每次都會調走。

　　一般大家飛印度，除了印度籍空服或者少數愛冒險的同事會外出之外，大多數人都會選擇留在酒店房間休息。除了擔心品流複雜、人多擠逼的市區會影響人身安全之外，最怕就是出外用餐會拉肚子。要是中途吃到不乾淨的食物，引致回程期間腸胃不適，那就麻煩了。

　　有一個印度中部城市的班機並不頻繁，一趟行程可以停留在當地整整一周。總有人以為「嘩！住一星期酒店，真好！」。哼哼，別忘了那裏是印度啊朋友，我說的是珍珠之城 —— 海德拉巴。

　　排到那麼長的印度班，很多人會盡力換走，換不走那怎麼辦？可能去上瑜伽班，放鬆一下；又或者買珍珠，當個小富婆。

　　當地的珍珠產業享負盛名，品質出色。空姐們閒來無事組隊一起去揀珍珠的活動，已經不知道流行了多少年。打開討論區，飛完美加的人可能分享吃喝、滑雪；從歐洲回來的人開箱手袋、藥房戰利品；那麼海德拉巴版的人在討論甚麼呢？就是清一色的

介紹珍珠。

　　就算是網購，這份工作也能帶給我優惠。無論美國 Blackfriday sales，還是英國 Self-fridge 百貨大減價，都可以安排送貨到下榻的酒店，再自行扛回香港。當地的本地派送絕對會比空運到港為快，而且運費上亦能大打折扣（甚至全免！），只是從酒店員工手上取貨時，要懂得打賞的規矩，但這應該的啦！我曾經在英國購買某知名品牌的吹風機，香港百貨售價約港幣 2,500，當地只賣港幣 1,800，相等於是打了七折！在台灣網購書籍，比起在香港書店購買更是超值；因此在加入購物車時亦比較捨得，甚麼書都想買想看，只是提貨時，貨品重量不簡單而已。

　　能夠從世界各地購入比本地更便宜、更出色的商品，其實是這份工作的一個員工福利。不過，如果班表出現甚麼變化，就會同樣令購物計劃大受影響。2020 年疫情初期，許多航線被硬生生取消，航班數量在短時間內急劇下降。我記得有一個同事曾經猛吐苦水，由於疫情急速擴散，航班大量取消令她短期內無法到美國取貨。後來連負責收件的酒店，也因為不知何許原因而跟公司結束合作關係，遇上這種遲遲不收貨的買家，如果我是賣家，想必會留給她一個一星負評吧！

02 流浪者 ↘

經常在各地住酒店，對酒店可以很挑剔，也可以很隨便。

每次在外站下機，只想快快手拿到匙卡，第一時間上房間扒光自己，然後泡一個比岩漿更熱的熱水澡。除了想洗清我在機上浪費食物的罪孽，還可以順便練習一下下地獄的處境。一間好的酒店，就該配備水壓強勁、冷熱得宜的淋浴設備。最怕是那種出水弱如老人小便，水溫又時冷時熱的供水設備。遇上這種淋浴設備，洗個澡，一切恨意都會逼得出來。

毛巾、床鋪被枕，亦是一家酒店值不值得回頭的決定性因素。我對毛巾和床鋪的要求不高，隨便就好。很多人説酒店的毛巾不乾淨，可是酒店經已是我另一個家，我早已豁出去，畢竟我沒辦法到哪裏都換洗一套自己的毛巾被單。只要毛巾雪白，看起來沒有臭味和污漬就能順利過關，聞起來有漂白水、烘過的味道的話更好。但我還是不得不抱怨一下有些酒店提供的枕頭，它們總是又薄又軟；睡一個太矮，枕兩個又太高，怎麼睡都不自在，隔天早上醒來脖子硬得跟甚麼一樣。

不少高級酒店都會在客房提供羽絨被，可是蓋這種高級的東西總是半夜被它熱醒。此時，房間的溫度調節就更顯重要。還有房間的隔音，有些隔音不佳的房間會讓我這種淺眠者被房外走廊的人吵得心浮氣躁，更尷尬的是聽見隔壁魚水之歡的怪叫，Come On!!!

在內地二三四五六七線城市停留過夜，由於房價較低，航空公司往往會安排較高質素的酒店。我十分記得，曾經有酒店隆重地安排職員，一字排開在車道舉紅色底、黃色大字的橫額列隊歡迎首輪下榻這家酒店的機組人員，搞得我們十分尷尬。房間內應有盡有，Mini bar 內的小吃飲品更是任吃任飲，只要撥個電話，房務員就會馬上來補。翌日早上在餐廳遇到大伙兒，索性一起吃早餐，大家都對這家酒店讚不絕口，機長忽然爆出一句：「睡床大的可以整隊機組人員一起睡！」讓大家都害羞起來。

從前的悉尼班，所有組員都會安排入住同一間的酒店，該酒店位處悉尼市中心，無論是外出採購，還是在就近的地方用餐也極為方便。晚上的達令港（Darling Harbour）熱鬧非常，常常有莫名奇妙的煙火表演，大部分房間只要拉開窗簾就能看到。至於房間內部，其實沒甚麼特別，就是基本的酒店配備。某次拿到的房間位於走廊轉角位置，中間的空間大得可怕，習舞之人大概可以拿來練舞。

後來據說房間不足，公司把一部分的組員分流到機場附近的某家怪怪酒店。親身經驗，從酒店前往最近的超市或火車站，衝紅燈快步走的話亦需時二十分鐘（不良示範，請不要學），可見新酒店的位置到底有多遠離煩囂。酒店的內部懷舊感十足，搭乘的電梯抵達指定樓層時，纜索總會往回抽一下，把升降機內的我們嚇個半死，菲律賓籍同事也花容失色，驚叫：「Oh God!」

房間的光線十分小器，僅靠枱燈、座地燈來照明，全部打開的情況下也覺得陰陰暗暗，光源根本不足。或者就是因為這個原因，

總覺得這種房間佈置，好像從前發生過殺人案似的（開玩笑的啦）。

看在錢的份上，排到悉尼班我都會乖乖飛，還好入住那麼多次都沒有遇過甚麼怪事。為什麼？以下就是良好示範：

這種酒店房間，窗明几淨，窗戶還用上百葉門，既有特色又採光良好，入住時曬一曬，甚麼靈界朋友都要失陪一下。

在我心目中，會提供膠囊咖啡一定是精緻高級的酒店，所以它簡直是五分全取，雖然我不太喝咖啡。

不像亞洲，西方世界的酒店一般都只會提供最低限度的護理用品，基本就只有一個肥皂、兩卷廁紙和一盒面紙。少數的高級

陰暗的房間總令人感到不安

悉尼酒店房間採光良好，相比下令我不會抗拒。

酒店會提供洗頭水、護髮素、潤膚乳等供住客使用。要是在浴室裏遇上款式齊全、品牌又稍微挑選過的護理套裝，我就已經心滿意足。

杜拜的 duty 一直都是組員之間炙手可熱的搶手貨，除了外站津貼非常可觀之外，酒店更是我住過那麼多地方的 Top 3 之選。酒店自 2012 年落成以來，一直保養得宜，各樣設施都能夠保持着新簇簇的狀態。光是這個比我睡房還要大的浴室，就已經讓我一見傾心。

下機後，一絲不掛地在淋浴間裏開着吊頂式花灑，一邊唱着美國 R&B 天后 Rihanna 的名曲 —— *Diamond*，一邊洗去身上的飛機酒水臭味，這個程序就像救贖。晚上睡前，則可以用上酒店提供的浴鹽泡個熱水澡，在可以輕易容納二人的浴缸裏面思考人生，活着實在太美妙了。

接下來就是印度的代表，不得不提，公司在印度為機員安排的酒店十分有特色（雖然還有兩個印度航點我從未踏足過）。

我第一次飛印度時，被酒店門外持槍看守的警衞人員搞得有點緊張，因為這是在其他地方看不到的。而所有出入酒店的行李，都需要經過安保人員的檢查，人們亦要按指引一個跟一個地通過金屬探測器，然而就算機器響個不停，保安大叔們卻從來不會要求額外問話⋯⋯所以檢查的目的是個謎。

從前在孟買入住的那家酒店十分有異國風情，地下大堂通往餐廳需要經過一條迴旋樓梯，樓梯依着落地大窗一路向下延伸，外面是一片開揚的私人湖景，湖邊種了一些棕櫚樹。在這裏，住

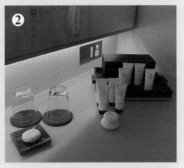

（圖1）酒店細心地為客人提供膠囊咖啡

（圖2）看到款式齊全的護理套裝，我就心滿意足了。

（圖3）比我睡房還要大的浴室

（圖4）放工後，我最喜歡泡個熱水澡，思考人生。

✈ 樓梯旁的大窗景觀開揚，
能夠遠眺孟買景色。

✈ 這座大象木雕，非常有
氣派。

客可以遠眺孟買市區的景色，但是由於該地空氣質素長期不佳，最理想的能見度下也只能望到灰朦朦的一片樓景；而樓梯的盡處，就是餐廳的入口。大堂的佈置十分霸氣，在迴旋樓梯的中央擺了一隻巨型大象木雕。

　　酒店的伙食很好，在早餐時段提供琳瑯滿目的選擇，西式、中式、印度式的都應有盡有，而且還有很多素食者選項，種類十分多元化。不過我一邊挾菜，一邊想到這個國家裏還有許多人民生活在水深火熱之中，天天都吃不飽，心裏就很是過意不去。

　　在疫情及世界各地的防疫政策影響下，愛出境旅遊的香港人無處可逃；同樣地，外面的人亦進不來。酒店業苟延殘喘之際，竟有人想出了「Staycation」的點子，誤打誤撞下殺出一條血路，成功刺激房間的預訂率。單靠本地客人的支持當然不會賺大錢，但至起碼暫時不用關門大吉吧！

03 鬼故事 ↘

　　一次跟朋友吃飯，用餐期間，友人就像隻小鳥，吃得又少、又慢。而我，像條餓壞的小狗，總是學不會細嚼慢嚥。筷子在湯碗裏撈完又撈，確認麵條經已徹底被我吃清光後，我終於捨得放下筷子。閒着沒事，我開始整理自己的錢包。

　　一翻翻出了數張信用卡單據、一張過期的運動用品店優惠券和一張摩斯漢堡印花卡。一輪清理之後，再將其他大大小小的紙鈔卡片放回原位，錢包立即瘦了不少。

　　此時，友人一邊用刀叉切豬柳，一邊好奇地問我：「你怎麼會帶那麼多道符？」

　　童年時期，我時常跟家人去遠足，而在郊野地方最麻煩的事，就是忽然尿急。在我人生第一次隨處便溺之前，我媽教我找個無人的偏僻位置，一定要對着空氣説一聲「唔該借借！（請借過）」，然後才可以開始解手。那時的我，覺得靈界朋友感知有人露械準備方便，哪可能呆呆的待在原地呢？因此當時並沒有把媽媽的話放在心裏，直至真正開始小便的時候，我都沒有將那句説話講出口。可是，尿柱一落地的刹那間，我前面明明空無一人，卻聽到一陣跺腳的聲音，而且相當急促，好像有誰的腳跟被我的尿液濺個正着。

　　我當時害怕極了，飛也似的回到家人的身邊，心裏對於自己沒説「唔該借借」懊悔不已。那次也成了我懂事以來，第一次的靈異體驗。

　　出來社會，成為了機艙服務員，開始在城市之間穿梭。有時飛抵外地，需要我們到酒店停留過夜。正因常常獨個兒呆在酒店房間，每個空服員的口袋裏都會有一兩個鬼故事。

　　我們在傍晚抵達花蓮，平時在當地的標準行程是大伙兒集體打車外出，到鬧市再分頭行事。我一般會去吃碗鵝肉米粉，又或是豬腳麵，接着可能逛逛東大門夜市，不然就是到藥妝店採買。可是那天到達酒店時，外面正下着小雨，心裏有些掃興。但反正不久之後會再飛花蓮，所以我跟其他組員説，我決定留在房間休息不外出了。

　　洗了個澡，還沒到晚餐的時間，打算在床上先瞓一下。於是我關了房間的燈，掀起被子就睡。眼睛再次打開時，床頭的電子鐘顯示着時間為 20:03，該是吃晚餐的時候了。我還在有點迷糊之時，床末近腳跟的位置，床鋪忽然輕微地凹了下來。我當下立即清醒過來，可是卻嚇得動都不敢動，之後回過神來我又有一個疑問，明明燈早已被我關了，到底是誰……亮了我房間的燈？

　　我不知道該怎麼辦，心裏極怕將會看到無法承受的畫面，於是極力閉起眼睛裝睡。越要試圖放鬆，我的身體就越是緊繃，被單下面的我已經嚇得滿身都是汗。良久，房間的燈終於熄滅。那時的我立馬彈起床再次亮燈，故作冷靜地穿好衣服離開房間，跑到對街的便利店。我坐在便利店窗邊的玻璃，吃了一頓微波晚

餐，驚魂未定地看着另一邊的酒店建築，整夜都不敢回去房間。

我還聽過一個港龍同事的經歷，在機上聽完我立即全身起雞皮疙瘩。

許多年前他飛寧波，晚上躺在睡床，對於天花上的煙霧探測器操作燈一直閃個不停感到不耐煩。於是他從行李箱裏掏出眼罩，戴上之後感覺有稍微好一點，但最終還是輾轉反側、徹夜難眠。

翌日，他在機上打開手機相簿查資料時，發現手機在昨晚凌晨拍了連續幾十張的漆黑照片。當他調亮最後一張相片的對比度，試圖搞清楚是甚麼照片時。發現畫面正是他戴着眼罩，在床上睡覺的畫面。

「No！！！為甚麼你要告訴我這些？」友人放下餐具，作出一個掩耳的姿勢。

我笑了一笑：「是你問我的啊！」

由於有過幾次的不尋常經歷，加上工作期間聽得太多鬼故事，為求安心，在入行第二年，我便開始每年跟親戚到黃大仙拜太歲，順便求平安符。幸運的是，自此便很少有接觸這些事情的經驗。而每年新年去黃大仙，也成為了我家裏面的一個習慣。

我問友人：「今年全世界的人都不得出國旅行，平時在酒店房間全職嚇人的靈界朋友沒有活人可以作弄，豈不是無聊透頂？」

他一臉厭惡地回：「有這種想法的人才真的無聊！」

04 信天翁 ↘

　　還記得小時候每逢週末飯後，父親老愛看英語頻道的動物紀錄片。旁白低沉又磁性的聲線，配上自然界各種花鳥蟲魚的喧鬧，是我倆少有的親子時光。長相討喜的瓶鼻海豚，需要時時刻刻在虎鯨的殺戮中掙扎；野生大熊貓生出雙胞胎的話，總因為奶水不夠需要放棄一隻幼崽；雄性斑馬可能會為了交配繁殖，故意殺死斑馬寶寶讓雌性更快發情……我在童年時期，對很多事物的好奇和體悟，亦始於紀錄片。

　　有一種動物我尚未親眼見過，但很久以前就已經從紀錄片裏面認識牠，那就是信天翁。

　　信天翁是世上最大型的海鳥，牠在陸地上的動作笨拙，需要助跑一小段路才能起飛。又或者可以選擇躡手躡腳地走到山坡上，從高處開始滑翔。雖然在陸地上的動作不靈活，但是牠們擅長飛行，能夠在海面上不拍一下翅膀，單靠大氣對流就能乘風飛行幾個小時。一隻成年的信天翁，甚至可以每年飛行相當於環繞地球三圈的距離。這種海鳥一般只會在繁殖期上岸，其餘大半生都在海上生活。有趣的是，牠們天生崇尚一夫一妻制，求偶時期會花近兩年時間互相了解彼此，爾後才認定終身。幼鳥孵化後，父母會輪流出海覓食，直至幼鳥長大。當幼鳥體態與父母相差無

幾後，羽翼初成的信天翁便會獨自出海生活十年八年，而父母則會相約於十月再次回到出生地，繼續交配繁殖的任務。假若其中一隻信天翁不幸葬身大海，盼不到伴侶歸來的另一半只會終生獨居，不再找尋伴侶。

年幼時天真單純的我，看完那齣介紹信天翁的紀錄片後感動不已，晚上在睡床上，對戀愛有着無限幻想。

然而，信天翁的重情，我們確實望塵莫及。

一同看英語頻道的紀錄片，已經是我與父親為數不多的共同回憶之一。6歲那年，父母離異。十二月的期中考試，其中一卷的監考老師是訓導科陳主任，收卷之後，她把我帶到課室出面去。日常形象嚴肅的陳主任在寒風瑟瑟的走廊蹲下來，問我：「你還好嗎？」我點了點頭。她接着說：「有甚麼不快，都可以隨時來找陳主任傾訴，知道嗎？」接着，陳主任溫柔地幫我繫好圍在領上的頸巾，又輕輕拍了幾下我的手臂。那時的我，還沒讀懂她對我的憐憫，因為我壓根兒不知道甚麼是離婚，甚至不知道父母早已分開。

之後的那幾年，父母多次到法庭「處理一些大人的事」——一個社工姐姐是這樣說的。又接連有好幾個人來問我，未來想跟爸爸還是媽媽生活。每次的對話完結時，他們都會向我投以一個難以言喻、卻又在記憶裏怎麼抹也抹不掉的眼神。

二十出頭，我認識到一個對象，同時亦剛進入航空業工作。

第一次全情投入、喜歡一個人的滋味是：在外地的時間，看一棵樹、一朵雲都會覺得像她；吃一道菜、看一處風景，都想與

她分享。雖然薪水並不豐厚，但我每次歸來，都會為當時的對象帶一份伴手禮。我知道巴黎的 Ladurée 馬卡龍夠精緻，願意上班前提早出發，到機場禁區裏面排隊為她買一盒。在日本，組員們聯群結隊去買當季草莓時，我亦會默默跟上，一切只為了親手遞她那來自異國的甜味。

有天，她說了一句：「我不喜歡你常常不在我身邊。」然後我就從她的聯絡人名單上消失了。後來我才知道，她早在之前已經找到個常在身邊的人。

午夜的紅眼航班上，我和一個前輩同事，一人一杯熱茶，在燈光昏暗的後廚裏聊天打發時間。她逕自訴說着與男朋友之間的甜蜜相遇和生活小事，還試着問我的意見，計劃着在即將到來的聖誕節，為他帶來驚喜。你一言我一語，不知不覺就聊了一整個晚上。客機即將降落，她拍拍我的肩，說希望未來還能跟我再見，我微微一笑說好，心裏慶幸能遇上一個這麼聊得來的同事。

我們一路聊到接機大堂才作別，只見遠處有一男子正向她招手。

「那個人就是你的男朋友嗎？」我問。

她笑了一笑，說：「他是我的丈夫。」

目送着她加快腳步走向那個男人的身影，我才恍然大悟，那個我們徹夜討論的男朋友，是眼前這段婚姻的第三者。

長大的過程，是一趟價值觀無間斷被挑戰，想法不斷刷新的歷險。有些憧憬，在親身經歷過後，才發現是多麼的不切實際。

　　進入了這一行，刷身而過的男男女女、耳聞過的各種失敗愛情故事，都漸漸讓我對愛情失去了憧憬。我一路上反反覆覆地整理行李箱數百遍，日夜顛倒，飛行幾百萬里，卻始終沒有像信天翁一樣，在疲倦的日子找到歸宿。這種海鳥對伴侶彼此之間的忠貞不渝，在我們之間，真的有可能發生嗎？

05 回憶的味道 ↘

> 我媽帶着三個還不懂事的孩子離家出走，一切大小事都得獨力面對。

那時我才 7 歲，躺在床上入夢的時候，母親不是在洗碗碟，就是在處理孩子們的通告和作業。翌日被她喚醒梳洗時，她早就已經衣着整齊，隨時準備好出門上班，桌面上還放着三份熱騰騰的早餐，就連牙刷上的牙膏也都為我擠好。

可是她不是超人，偶爾也會睡過頭，更不理想的狀況是她患上傷風感冒。晚餐的後備方案，就是印尼營多撈麵。最困難的日子裏，我們日日夜夜都在吃營多撈麵；加兩包辣醬或不加辣醬、麵條硬一點軟一點、煮成湯麵撈麵諸如此類的變化，我們三姊弟都試過。

不知道從何時開始，香港街頭的小食店開始賣起了印尼撈麵，它迅速風靡了萬千重口味小孩的心。這玩意的味道雖然好，但我卻從來沒有在外面買過來吃，因為我已經吃過不知幾多百萬次了。

我媽是印尼華僑，燒得一手好菜，我在小時候就已經接觸過許多印尼的名菜，像印尼炒飯（Nasi Goreng）、薑黃飯（Tumpeng Nasi Kuning）和我的最愛——珍多冰（Cendol）。（是的，珍多冰來自印尼，不是越南和泰國，而且它是甜品不是

飲料，你會一邊吃西米露一邊用餐嗎？）之後我們陸續長大，常常往外跑，廚房越來越少開伙，家裏的媽終於可以過得閒一點。

每次飛印尼，都是一次回憶之旅。奇就奇在明明我從來沒有去過，卻在當地拾回不少童年回憶。

午飯時間，我走進了一家小店，點了一份榴槤煎餅、印尼撈麵和珍多冰。

榴槤煎餅是我在菜單上看到貪吃想試試的，此前從來沒有吃過。薄薄一層的煎餅皮，裏面包裹着溫溫熱熱的超甜餡料，餡料就是一坨榴槤，挺不錯。不過三道菜裏面最先端上的就是它，我吃完那麼甜的小吃，再看到撈麵，不禁深呼吸了一下。

這裏點的撈麵不是即食麵那個營多撈麵，好像是叫 bakmi，即是乾拌麵的意思。麵質較為乾身有嚼勁，因此某些街邊小攤還會附一碗湯。雖然當日廚房的 presentation 比較隨性不造作，配料方面亦少了靈魂人物：叉燒，但味道仍然十分貼近我媽自製的手打麵。童年的記憶裏，我媽三不五時會把儲物間的打麵機拿出來做 bakmi。先在客廳正中央擺一張摺枱，繼而開始幹活，擀麵糰弄得滿客廳都是麵粉。記憶裏，盡是滿室的雞蛋香，以及到處飄浮着的麵粉雪。

至於珍多冰，則略嫌椰汁給得有點小器，失望。

回程在雅加達機場，我都一定要在客運大樓的小店買一個名為 Roti boy 的咖啡麵包，用飛機烤爐烘熱來吃，香噴噴的超級好吃，每次經過都要買幾個才甘心上路。後來才知道這個品牌來自馬來西亞，亦曾經在香港開店，不過不久後就撐不住倒閉了。告

一切都可以忘記，唯獨味
道不能，你同意嗎？

別港龍後，吉隆坡線又回到我公司的懷抱，說不定以後會多一個地方可以買 Roti boy。

另一個我很愛去的外站是泗水（Surabaya），雖然停留時間永遠局限於傍晚至早上的短短十二小時，但是一個夜晚能做的事情有很多。

接待我們機組人員住宿的酒店十分舒適，而且，各個同事皆對酒店餐廳的出品評價都相當高。幾乎每次抵達，都會邀約一起晚餐。

同行前輩推薦：「必須要一人點一碗」的花膠湯。湯水既足料又香濃，寫這篇文章時回味起來，唾液分泌也不自覺地增加。

主食點了最穩當的印尼炒飯。你看它的配料那麼多，如果將其擬人化，大概它就是一身羽毛裝甲、笑容可掬的東南亞女郎。

飲飽吃醉之後，各人買單後就鳥獸散明天見。有些人選擇留在房間休息，有些人去逛超市，有些人去買當地名物 —— 燕窩，而我則跟一個女同事去了按摩。按摩店就在酒店的幾百米之外，所以我們沒有叫車，而是選擇步行。離開前，酒店職員還好心提醒我們要注意安全。

外面的世界抹去了空調與豪華，才能展示出真正的印尼面貌。我們靠着行車線的邊緣慢慢前行，在發展中國家並沒有行人路這回事，能夠走的就是路，其餘的一切路面駕駛者會自己看着辦。入夜後的光線有限，我們走到一些連地面都看不見的地方時，只好把手機的照明打開。

同事 G 主動提出由她走在比較近車道的那一面，說：「這樣

你的手機比較不容易被搶。」，我還真的沒有想到這一點。

按摩店的收費實在便宜得可怕，六十分鐘的腳底按摩只需印尼盾 75,000，即是差不多港幣 40 元。在香港的連鎖按摩店做個 45 分鐘腳底按摩，收費一般都需要港幣 200 元左右，兩個城市之間的價差達五倍。我見為我服務的技師勤勞又熱心，私下塞了他 30,000 印尼盾當小費，他樂得一直對我點頭連連，還飆了一句不知哪裏學來的：「恭喜發財！」，應該是把畢生所知的中文好說話全部都說了。

按摩結束之後，我們又走上那一條照明不足卻又十分繁忙的歸途，途中遇到一個婆婆，她獨個兒提着一大個紅色大膠袋，坐在路邊叫賣白蘭花，我和同事 G 各自買了兩包。

來到外地旅遊或工幹，在低物價城市快活、樂不思蜀的同時，如果大家都能對小販商人、服務員慷慨一點的話，說不定這些小費就能讓他們開心上一整天。

從前家裏的日子並不好過，最糟糕的情況，試過為了躲避房東來催房租，故意把家裏的電源統統關掉假裝不在。但是，當有聾啞人士組織上門推銷手工藝品，我媽並不會將他們推諸門外；知道家族裏某個無名無份的私生子長期患病，她會力排眾議地，堅持去醫院探望關心。甚至有次放學，回家後發現她正在做飯招待一位素未謀面的印傭。後來才知道，原來是我媽揭發了外傭懷疑被虐的真相，不忍心讓她捱餓，所以才邀請她登門作客。

這是一個在印尼長大的女子教我的。無論何時，能夠給予都是種福氣。

00:04 花無百日紅

新冠肺炎下的航空業面貌

01 不用飛的日子，可以領多少薪水？ ↘

　　本地機艙服務員的收入本來就不穩定，成也班表、敗也班表，今個月獲編的工作，完全決定了你下個月的收入。為了增加收入，又或養妻活兒，不少同事會發展副業。有些同事會乘工作之便，發展代購事業，從世界各地帶貨回港轉售獲利；有些同事會推廣自己的手工藝作品，以一雙手創造額外收入。空服員擁有副業，不知不覺已變成公開的秘密。

　　可是，懶豬如我，從來都沒有開拓額外收入的計劃（在網絡平台寫文章的那些微薄收入，説得上是副業嗎？）。一來，一旦我決定發展代購事業的話，恐怕會因為到處入貨而犧牲了在外站觀光的時間。二來，我沒有低價買入高價賣出的本領，專注於格價和處理物流的部分，絕對會耗盡我的耐性。故此，我一路以來都專心只打一份工。

　　行外人總是説：「疫情不用飛可以領薪水，真好！」然而無限期減薪接近六成，這樣還是一件好事嗎？

　　空服員的薪水，大致分成兩部分，一部分是飛行時數，另一部分則是外站津貼。一般來説，各人每月都會拿到大約七十小時左右的班表，而各人的時薪會根據年資而釐定。入職不足半年、

未經調薪的超級菜鳥只飛 70 小時飛行時數的話，就只能拿到港幣七千多元的基本月薪，另加外站津貼。相同職級，但不同年資的時薪可以差異極大，當年我初生之犢不畏虎，八卦問一位入職十年的老屁股同事領多少時薪，他竟毫不諱言說：「我的時薪比你多一倍。」另外，如果飛行時數達 70 小時以上，就會以時薪補水，大家可以索性將其理解為加班。

另一部分，就是外站津貼。公司派我到甚麼航點執勤，其實很大程度影響到我們的收入 —— 其實將班表比喻為抽獎都不為過：有人財源滾滾來，有人就連續幾個月在食穀種。我拿過最多外站津貼的月份，曾經有 13K，那個月我不斷穿梭日本及歐美地區，風騷得要命；最可憐的那個月，我只領過 3K，一直走不出印尼、斯里蘭卡、泰國，長途亦只能拿到倒霉到爆的南非班。

現在你明白，為甚麼身邊總有些空姐空少老是在抱怨班表了吧？

在 2019 年，安守本份的話我大概能拿到兩萬至兩萬四千元的薪水（大概吧，同業請不要抽秤我）。疫情爆發後，我就只能拿到四位數字的基本月薪，收入縮水接近一半。後來，公司接連推出兩輪的無薪假計劃，僱員還需每月再減薪 13.333% 至 17.218% 不等，一直持續到年末。換言之，本地機艙服務員的收入自疫情開始以來，經已普遍萎縮至只有原先的四成多。

候鳥在嚴寒的日子會飛到熱帶過冬，航空業從業員亦懂得在淡季／寒冬自找出路。感謝上天眷顧，我在七月找到了一份兼職工作。

疫情前，要好的同事能夠湊齊聚餐並不是一件容易的事，現在卻成了小菜一碟。某次聚會，大家除了大吐只有行內人懂的苦水，還少不免輪流分享近況。A君衝出了舒適圈，跟友人合伙投資，辦起補習社生意；B君原本在服裝店兼職店員，後來還多兼一份茶飲店的工作。同事們各自在亂流下都能抓到救生浮木，聽到大家都仍然安好，我彷彿得到一絲慰解。

　　樂隊 Dear Jane 在 2020 年發行了一首傳唱度頗高的廣東歌，名為《銀河修理員》，裏面一句歌詞：「祝你在亂流下平安」，廣為年青人流傳使用。起初，我還覺得這句歌詞矯情造作；直至年末，航空業大規模裁員，再次聽到這一句歌詞，忽然前所未有地覺得這句祝福十分切身，泛上了一陣鼻酸。

02 隔離刑 ↘

　　我在 2020 年 4 月的時候入住了隔離營。

　　事情是這樣的，在 3 月底，我飛了一趟倫敦。返港後，便收到一通來自公司的電話，表示有幾個確診患者證實搭乘了我執的航班返港，但是公司礙於私隱政策，不能公佈他們的確實座位。基於當時對病毒的不了解，加上社會的廣泛恐慌，得知確診人士一度就在我身邊，難免會坐立難安。還好在通話中，我被暫時判斷為非緊密接觸者，得以舒了一口氣。

　　基於好奇，倫敦同組的機組人員起了一個通訊群組，方便交換資訊，大家都很想知道確診的乘客坐在甚麼艙等，哪個區域。每晚十一時，衛生防護中心（CHP）會更新一份名單，上面會註明確診者曾搭乘的航班號碼，以及他們的座位編號。之所以會如此着緊，是因為一旦發現確診者曾經坐在我服務的區域內的話，就代表我很大機會要被 CHP 抓去強制隔離。

　　翌日，我又接了一個電話。

公司代表：「你還好嗎？」

我：「還好，怎麼了？」

公司代表：「昨晚更新了資料，又有一個新的確診者，證實

坐在你服務的區域，所以⋯⋯」

我：「所以我要入隔離營？」

公司代表：「稍後 CHP 會給你打電話，他們會向你提供更多資料。」

如是者，接下來的數天，我都在等衞生防護中心的電話。第一次，他們打來查問我的身體狀況，並且就着甚麼時候入營、要住多久等等的細節講了個大概。來電的姑娘説中心正在處理的個案眾多，安排接送需時，所以接下來的時間可以先收拾準備，並靜候通知。中間在家等候接送的時間極為煎熬，我幾乎天天都在整理入營的行李，來接的醫護人員遲來一天，我便可以少帶一套衣服；聽説裏面的伙食不佳，於是又多帶了一些零食。不斷打包、又重新整理，這種不知道甚麼時候上路的感覺絕不好過。直至數天之後，我收到第二次電話，熬人的等候終於完結，這次真的要動身了。

甫敞開家門，便見兩個穿着防護衣、戴面罩的防疫人員站在面前。探熱和確認身份之後，我鎖好了門窗，黯然地關上家裏的最後一盞燈，然後默默跟着他們的腳步離開。電梯抵達地下大堂，住客一見我有全副裝備的防疫人員護送，馬上如臨大敵一般齊齊後退幾步，繼而議論紛紛，保安員警覺得馬上從位置上跳起來，連忙追問：「你是不是確診？」即使檢疫人員出口為我解圍，保安員仍然不放心，向我剛踏出的升降機內籠大灑消毒水。

由於我一度出現發燒的病癥，衞生防護中心的人員決定將

我送到位於亞洲國際博覽館的檢測場地,先進行一次鼻咽拭子檢測。

我的鼻咽天生敏感肥大,採樣的膠棍一伸進鼻孔,我便緊張得冒了一身汗,原本放在膝上的雙手也緊握起來,還未成功採樣,便已經把大腿抓成一道道指甲刮痕。護士見我不尋常地緊張,在再次嘗試採樣前,特意叫來額外兩個幫手,一個輕輕把手壓住我的雙肩,另一個蹲在我身旁,一邊揉我的掌心,一邊安撫我。還好採樣有驚無險地完成,下一步便是漫長的等待。

我跟其他被送來的人一樣,在採樣結束後,跟從醫護人員的指示取了一份三文治,在等候區找個位置就坐。我從早上十點,一直等到晚上七點,一等就是九小時,幸而盼來的是一個陰性結果。

儘管當下的測試結果呈陰性,但並不代表我的檢疫責任已經完結,我需要被移送到火炭駿洋邨完成餘下的「刑期」。我們一個跟一個地排隊上車,在隊伍中,我遇到了一位空姐同事,大家聊了幾句:「兄弟,你衰咩啊?」、「咁仲要踎幾耐?」之類的話題,不過很快便被職員喝止,命令我們保持距離。

接送巴士將我們送到駿洋邨,依序下車後,前來迎接的是兩個全副武裝的民安隊人員,聽完他們響亮又簡短的簡報,眾人便輪流上前取 Welcome pack(迎新包)、飯盒以及一系列的文件。職員說,晚餐時間一早已過,餘下飯盒的餸菜隨機,大家只能將就將就。營友們一個跟一個地領取飯盒,大家即使戴着口罩,卻仍然看得出個個面如死灰,十足電影《監獄風雲》裏面的囚友

一樣。當 Check-in 完成一切就緒，職員便帶我們去排隊搭升降機，期間要繼續配合社交距離，每次只限一人搭乘。

我住的是某座 30 樓某室（駿洋邨現時經已入伙，為避免住客不安，還是不公開門牌號碼好了⋯⋯），那是個百餘呎的開放式單位，地板、牆身沒有任何粉飾，亦即是所謂的「清水樓」。轉角放了一張懷舊木紋摺枱，上面擺了些日用品如漱口杯、毛巾以及幾包餅乾和杯麵，還有一個熱水機和暖風機，剛剛拿到的迎新包裏面，則裝有數卷廁紙、一塊肥皂、一組洗髮套裝、一枝牙膏、一支電子探熱針以及幾個口罩。

我擱下冷掉的飯盒，安頓好行李，在慘白的燈光下，忙着跟家人好友報平安。放下手機之後，我走到窗前，聽着讓我感到平靜的蟬鳴聲，看着這片我從來沒有看過的風景。

第一個飯盒是鹽焗雞翼和香葱豬扒飯，我也不想浪費食物，可是冷掉又沾滿倒汗水的白飯教人倒胃。明明我整天只吃了一份三文治，卻奇怪地覺得不餓，草草把餸菜吃完，扒了幾口白飯便作罷。雖然晚餐不如意，但幸好浴室的熱水供應很有勁，能夠沉浸在滿室的水蒸氣之中，已經是我一整天最值得感恩的事了。

駿洋邨的一天是怎樣過的呢？

每日早上，七至九點就會有人來送早餐，送餐的民安隊會狂按門鈴六七次，甚至有些會按到你開門為止。當你氣沖沖地將門打開，卻又會找不着人。有時如果你動作夠快，會瞥到全副武裝

的民安隊人員在走廊遠方盯着你打開單位大門，確認你還活着來應門後便會推着餐車火速離開。

門前的膠椅是與外界接觸的唯一渠道，不管你有沒有讀報習慣，上面每天都會放一份報紙，那就是官方提供的唯一娛樂。到了用餐時間，報紙之上，便會疊上一個用膠袋包裝的飯盒。入營簡報提過：餐點是可以自選的，入營文件裏面附有一張餐單，填完放在門口便有人來收。可是親身經驗，收到的餐盒總是亂來，天天都有驚喜，這一點早就有人提醒過我。

大約中午，門鈴再度響起，按鈴人是駐營的護士。雖然入營的時候，我們被告知有責任要每天兩次測量自己的體溫，但他們還是會每天來為營友再量一次。

午餐和晚餐的供應時間分別為中午十二點至下午二點，以及晚上七點至九點。每天四次的瘋狂門鐘聲搞得我心緒不寧，有時應門之後還猶有餘悸。終於，我決定在門外貼上一張紙條：

「請按一次就好！謝謝。」

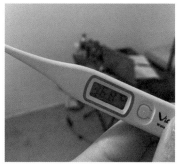

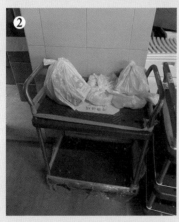

（圖 1）像清水樓般的房間。

（圖 2）Day one 的飯菜福袋分發點。

（圖 3）不幸歸不幸，其實政府提供的物資無論是
種類還是數量，我覺得都可以接受。

接下來的日子，送餐人員卻玩起了別的花樣，竟完全不按門鈴。我只好每逢用餐時間像個疑神疑鬼的瘋子一樣，不時開門查看有沒有飯盒送到。

營裏的網絡亦是另一重點。意外的是，駿洋邨的無線網絡出乎意料地穩定，我就是在裏面看完一整季的西班牙神劇《紙房子》。

然而遠在八鄉的朋友就沒有那麼幸運，由於她入住的營區比較小型，沒有無線網絡提供。不過營友可以透過即時通訊軟件，跟營區的代表取得電話卡，但她不好意思要了又再要，最終要了兩張便不敢再要，索性用自己的數據計劃上網。

這種跟民安隊要東西的制度，在駿洋邨也有。入營的文件上面，就列明了營區的物資管理人聯絡方法，營友們可以透過即時通訊軟件跟他們要東西。能夠提供的東西是個謎，原因是政府並不會大方到提供一個列表公開讓大家狂要，如果成真，民安隊恐怕會忙到瘋掉。我在入住的第一個深夜，就遞交了第一次的 Request。

由於朋友 E 收到了我入冊的消息，攀了一些關係，我需要的物資就在天亮之時出現在我的門前。正當我想要稱讚他們的效率，朋友 E 補充說：「平

時申請物資，營友差不多要花大半天時間才能收到，全因職員們實在太忙了。」而且收到的物資比我請求的還要多，我不禁感嘆：出外果然要靠朋友，謝謝朋友 E 的送暖。

四月初的氣溫還徘徊在攝氏二十度左右，空服員群組裏面，有人分享三月底入住隔離營時，提到只分配到中醫把脈墊一般大的枕頭，以及薄薄的被鋪。不過我入住的檢疫設施所提供的枕頭大小合理，被鋪亦夠暖沒有怪味，甚至還多出了一張床罩，讓我可以發揮創意將其掛起來遮光。

隔離的日子裏，被困在陌生的單位，難免會出現負面情緒。即使偶爾能夠跟同樣遭遇的同事通電話吐吐苦水，但四面牆之內，千言萬語都是於事無補。我會記得，有家人自動請纓幫忙照料家裏有寵物，還有朋友們的每一個留言關心，這些支持在那段時間對我來說都十分重要。至於其他不愉快的事情，就連同 2020 年一起過去吧。硬要我總結那十四天的話，就是「如人飲水，冷暖自知」。

在「營期」屆滿之前，會有醫護人員到單位派發樣本瓶，收集深喉唾液，當得出的檢驗結果呈陰性時，你就可以重新做人了。

民安隊人員會提前詢問你的離營意願，以方便作出相應安排。離營時間可選擇晚上 23:59，你可以自行離開：如果有人來接的話，需要向民安隊報上車牌號碼。又或者可以選擇多待一晚，然後於翌日搭乘接送巴士到大圍火車站自行解散。以我所知，大多數人都會選擇晚上的離營時間，以求及早離開這個鬼

地方。

　我問了幾個朋友，才總算成功叫到一位友人來接。有人説：「清明時節，我夜裏不敢出門。」又有人説：「我家的車送修了。」其實我都懂，始終疫症初期，聞見駿洋邨、隔離營，誰又能冷靜處理不倒抽一口氣呢？最終有人不嫌棄載我回家，我真是太幸運了。

　晚上十一點，我接到職員來電，叫我收拾行裝之後，就隨時可以到樓下報到。在大堂集齊了出冊的兄弟姊妹，大伙兒就排成一條隊，一同移動到邨口停車場大閘位置。路上，我們的隊伍每行走數十米就被攔下來一次，一時有職員煞有其事地檢查身份，一時又有民安隊的人來確認人數，搞得好像在交換人質似的。

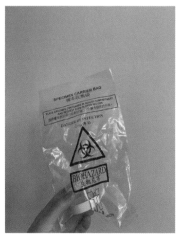 

在大閘那邊，我遇上了幾位空服同事，惺惺相識之下，大家興奮地聊起了營內的各種芝麻綠豆事。當職員確認可以通行，便示意大家可以離開，重獲新生的我們集體越過閘門，臨別之時，彼此交換的眼神裏充滿希冀。

登上了朋友的座駕，車子沿着斜路下行，我透過車窗，見到馬路兩側走着十數個推着行李的人，他們的身影在昏黃的燈光下顯得份外孤獨。

✈ 清潔工上身，瘋瘋到竟然離開前將單位還原。

社會對於確診患者以及入住隔離營的人實在存在着太多成見，我親身見證過，住客會威脅保安員供出懷疑確診住戶之單位號碼。大眾在恐懼病毒的來襲時，是不是忽略了這群人也是受害者的事實呢？

　　其實入住隔離營，甚至確診入院接受治療的人只是不幸，但他們並不可怕，你要知道，只是剛好那個人不是你而已。

03 祝你在亂流下平安 ↘

回想 2020 年 10 月 21 日發生的事，每一秒都極為痛苦。

自航班數目大減以來，大裁員的消息一直困擾前線人員，飛機停泊費、存倉的物資和燃油、航班停飛所減少的客運和貨運收入⋯⋯航空公司每一個月都在虧蝕數以億計的大錢。其實業界的前線人員都很清楚，裁員這回事終究是會發生的，然而外面卻總有人嫌我們不夠煩，一天到晚都在追問：「喂，聽說你公司即將裁員？」

原定每月 16 日發出的下月班表，自疫情以來就沒有準時發放過。不時有謠言說：「下月沒有 duty 的同事，很可能會被解僱！」大家繃緊神經，捱過了數個月，甚麼事都沒有發生。某天，又有消息指國泰將在翌日召開記者會，大家人心惶惶、徹夜難眠，甚至有傳媒當天老早就到公司門外守候，到頭來卻只是虛驚一場。

這樣終日惶恐的生活，我們過了差不多半年。

10 月 21 日早上，我如常出門兼職，在九龍灣站月台候車時，口袋裏的手機忽然狂震，一下子來了幾十則通知，我點開了其中一則新聞連結：

　　國泰集團宣佈裁員 8500 人，其中 5300 名為香港員工，同日結束國泰港龍航空之營運。

　　當下，我短暫地將目光移離手機，盯着地面試圖冷靜下來；期間，不曉得多少班列車開走了。

　　回過神來，我登上了列車，並繼續讀公司電郵的內容。裏面大意是指：公司狠心裁員實在是萬不得已的選項，被裁同事將會於日內陸陸續續收到電郵通知，而留下的同事則需要簽署新合約以共渡時艱。可怕的是，這場腥風血雨的「大屠殺」甚麼時候會結束，沒有人知道。

　　裁員這天大的新聞，傳媒當然大肆報道，家人朋友得知後，都傳短訊來問我有沒有被裁。內部空服員群組更是兵慌馬亂。有同事在即時通訊群組裏說，她發現自己無法登入內部網站，不久之後便收到解僱信；這消息引起了極大恐慌，大家一窩蜂地搶着登入，最終還無法證實傳言，系統便已癱瘓了。然後又有傳言說，被裁同事手機中一些僅限員工下載的公司軟件，竟在一個、一個地憑空消失……。當日，我一整天都機不離手，既怕收到電郵，又怕錯過了甚麼。

　　午後，原本雞犬不寧的空服群組稍為沉靜下來，然後便是一系列揪心的訊息。

✈ 空服員群組傳來
的傷感信息

　　驚魂未定之際，亂局在下午 3 時多又迎來一個高峰，陸陸續續有人收到電郵，解釋新合約的細節。有同事在幾乎沒有看過新合約細節的情況下，便草草地簽署同意。

　　10 月 21 日絕對是痛徹心扉的一天，我們還來不及道別，便見證着身邊許多同事無聲無息地「着陸」了。傳統上，公司容許客艙經理在退休前，為最後一個執勤的航班自選目的地。大家會在航機上一起歡送該位同事，既送心意卡，也會一起拍照留念，有些同事還會搶着做乘客廣播，少不免説些肉麻説話，然後一同為當事人奉獻給航空業的數十年光陰鼓掌。可是，被裁的他 / 她們，卻再沒有這機會了。

　　還有並肩多年的港龍同事，公司一夜之間成為了歷史，大家既是驚訝，更多的是黯然無語。

　　天下無不散之筵席，人生會聚散亦尋常，各位無論是被逼、還是自願落地的同事，願你平安。Thank you for the flight.

　　（機組人員的慣例是，下班後集合在登機橋的另一端，用短短一句 Thank you for the flight，告別機上的一切愛恨情仇，然後各散東西。）

04 再見港龍 ↘

　　港龍航空──曾經首屈一指的區域航空公司,多年來為國泰集團帶來了不少收入和機遇。提起港龍,對航空業不太了解的人或多或少都會有點迷茫:國泰和港龍不是同一家公司嗎?的而且確,這兩個品牌均屬同一集團,但運作上卻是兩家不同的航空公司。千禧年之後的香港航空業一直都是國泰和港龍這兩家公司的天下,一路上可謂是情同手足;但是在我寫這一篇文章時,港龍已經消失不見了。

這些年來,我不止一次坐過他們家的飛機。

那年我19歲,跟幾個同學坐 KA436 從香港去高雄。起落架剛收起來不久,客機還在爬升,就聽見備餐區裏傳來聲音。安全帶燈號剛熄滅,空服員便推着餐車浩浩蕩蕩的出場,迅速為客人送餐。才一小時多的飛行時間,我根本看不完一齣電影,而港龍空服員的工作,便成了我的機上娛樂。

每次有人談起 KA crew,大家除了佩服他們能完成密如報紙的班表,還對於港龍空服員驚人的工作效率、以及應對麻煩客人的耐力無不讚嘆不已。

有次,我跟朋友們趁着年假,一同到泰國布吉渡過了一個悠閒的假期。回港的航班上,前座的金卡會員甫登機,便對迎面而

來的空服員破口大罵，不滿訂位部及地勤人員沒有為他預留緊急出口的位置。年輕的空服員先是耐心地讓他發洩，等他把話說完了，便半蹲在客人身邊，溫柔地安撫他的情緒。即使她實在沒辦法為他安排更舒適的位置，但她卻由始至終都沒有流露任何一絲不耐煩。一直由登機，到客機駛離停機坪這段時間，細心地聆聽着客人那不順利的一天。換着是我，我也沒信心做得到。

2019 年的 5 月，當時的熱戀對象被派到上海出差，我雀躍地跟着去。很可惜，旅程的結尾我們不歡而散。

回程當日，我孤身一人從上海踏上歸途，心裏面下着滂沱大雨，卻若無其事地登上客機出發。我整天都沒有用餐，在收到餐點之後，便開始研究着餐盤附上的雪糕是甚麼口味。不過當我發現手上拿着的是草莓口味後，只好失望地將其放回原處。突然，走道的那邊伸來了一隻手，在我的桌邊緩緩放下一杯朱古力雪糕。我抬頭想要表達謝意時，剛好跟送餐的空服員對到眼神，他向我微微一笑，然後繼續工作。

不止機艙服務員的服務體貼入微，就連港龍空服員的制服都十分矚目。港龍航空在 2013 年之前所採用的舊制服，難得地獲得業界人士的一致盛讚。一襲深藍色連身短裙，搭配以深藍色及紅色為主的格仔絲巾，成為一時經典。可是被國泰集團收購了後，更換了制服的設計，改以紅、黑色為服裝主調。日後有聲音指，港龍品牌變得越來越像國泰……

這些年來，國泰集團將不少客機轉到港龍航空旗下，以擴充其機隊。可是，當中為數不少的是國泰航空用過十年八載的舊飛機。2016 年，國泰集團進一步將港龍航空易名，稱為「國泰港龍航空」。此外，公司為強調國泰和港龍的空服員「同一屋簷下」的整合方針，兩間航空公司的機艙服務員開始安排在同一地方報到、出席飛行前簡報，不再使用原有的港龍大廈。後來甚至連港龍的飛機塗裝都不能倖免，垂直尾翼上的活龍將被分批塗成紅色魚翅，而且顏色會比原本的調得更紅一點，更深一點。

最後，在投資接連失誤以及疫情浪潮的夾擊下，曾經風光的港龍航空在 2020 年的 10 月 21 日早上，步入了歷史。那一日，無疑是本地航空業史上最沉重的一天。

從「港」龍變成「國」龍；從別具特色的龍騰圖案，變成一片深紅的塗裝；從首屈一指的全球最佳區域航空公司，到最後完全消散在國泰的資本藍圖當中。這幾十年來的港龍歷史，怎麼跟昔日殖民地的某些經歷那麼驚人地相似。

我想對多年前，在小瀝源巴士站說要載我一程的港龍姐姐說聲謝謝，謝謝你在那場大雨邀請我上車，不讓我在雨裏孤獨無助。我很想感激當天從上海返港，那位待我體貼入微的港龍同事，是你在我脆弱的時刻，遞溫暖給我。還有曾經熱心幫助我報考港龍，為我寫 Referral card 的鄰居哥哥，雖然我最後沒有被錄取，但是你的熱情，讓我找到方向。

我完全無法想像，一家航空公司的結束會為你們每一位帶來多大的痛苦。但是數十年的貢獻，絕對不會毫無意義。曾經的一個邀請、一杯微不足道的雪糕、一張熱血的 Referral card，都能為我的經歷帶來影響。謝謝你們一路的辛勞，成就了港龍的歷史。

　　各位港龍同事，Thank you for the flight。

05 每當變幻時 ↘

在世界各地政府都對航空旅遊亮紅燈時，航空公司、機場並不是拉閘休假那麼簡單；事實上，還有為數不少的機場員工在這段時間需要上班。縱然客運的需求在疫情的陰霾下大幅減少，但另一邊廂，貨運部門卻錄得強勁增長，甚至有不少航空公司毅然決定改裝客艙，務求搭載更多貨物以提高收入。故此，即使客艙只有寥寥可數的乘客，甚至在完全沒有搭客的情況下，航空公司仍然會維持飛往某些大城市的航班服務。這些決定，並不是航空公司樂善好施，而是因為機肚裏面裝的滿滿都是貨。

澳洲自 2020 年 3 月起，便實施只容許澳洲公民、永久居民及其親屬入境的措施，雖說澳洲立下決心全面封關，但可惜的是國內仍然確診個案不斷。同年 10 月，我獲安排與其他同事一同

✈ 隔了幾乎半年，我終於坐上到墨爾本的航班，一切都有點陌生。

搭乘一班不載客航班到墨爾本，然後從當地執勤返港。

這一類型的職務，行內稱為 "Positioning"、"Deadhead" 或 "DT"（Duty travel），航班無論載客與否，獲安排 DT 的空服員職責，一樣是要乖乖當個模範客人。DT 一般只會在人手不足、航機調度的情況下出現，偶爾公司開新航點，亦有可能需要提前安排組員到當地接手回程的飛機返港。參與這種職務的組員人數很隨機，我曾經獨自 DT 到倫敦，亦試過浩浩蕩蕩的十四人從紐約坐飛機回港。這種職務尤如聖旨，縱使航班滿載，地勤人員亦會將航空公司的福祉放在第一位，狠心要求機上的乘客讓出機位，務求盡快將前線人手送到目的地救亡。最先遭殃的乘客，必然是員工機票持有者，如果沒有，便可能向非會員的可憐客人下手……。

班表上面出現 DT，對我來說絕對是一種小確幸，因為除了不必服務客人，我們還可以在吃吃睡睡之間累積飛行時數。不過為公平起見，DT 只能計算實際飛行時數的一半，畢竟真正付出勞力的人是當值同事嘛！

客艙裏沒有乘客，並不代表毋須空服員當值，始終機長的吃喝、地面設備檢查和飛行安全仍然需要有人把關。獲編在這種不載客班機上工作的同事，儘管工作比平時輕鬆，但眼睜睜看着 DT 的同事睡成死豬的模樣，少不免會心生怨恨。

　　抵達墨爾本，走在機場客運大樓，發現整個建築渺無人跡，路上經過的每一間商店都沒有營業，就連照明系統都只維持着最低限度地運作。

　　我們坐上酒店的接送車，這一趟旅程，經已是本年最深度的境外旅遊。

　　我們在酒店辦理入住手續時，酒店職員多番提醒我們除了火災發生，任何時間都不可以離開酒店。同時，酒店的所有住客設施都不會開放，如果不想吃酒店 Room service 的話，住客亦可以點外送，然後到大堂交收。據説後來洲政府進一步收緊隔離措施，組員入住酒店時，酒店不會提供房卡，並由警衞輪流護送上

房；在沒有房卡的前提下，意味着組員們在離開澳洲之前，均不得離開房間半步。直到回程當日，各人需要待醫護人員上房敲門檢查體溫，結果一切正常才能獲准離開。

我在逗留期間，透過外送軟件，點了兩頓外送，分別是韓式炸雞和大醬湯，以及上海粗炒、小籠包及竹笙蛋花湯。

為了省點錢，其餘時間我都在吃自己帶來的食物。澳洲是個島國，為了保護生態環境，當地有着極度嚴格的海關檢查，常見的食物如：水果、蛋類製品、肉類等都不能攜帶入境。經驗告訴我，最安全的方法就是將行李裏面能吃的東西通通申報一番，這樣就最萬無一失。

在房間裏了無事幹，我就只有寫稿一件事，這本書的內容，大部分就是在不同地方的隔離期間完成的。寫到頭腦繃緊時，我會為自己泡一杯熱可可放鬆一下，坐在窗邊看看風景，愜意得很。如此風光我不確定何時再有，當下只管盡情享受。

兩晚匆匆過去，轉眼便告別墨爾本。一如所料，開往香港的航班上，客人只有小貓三四隻，而且大多數是轉機客人。

上一次飛行，已經是半輩子前的事了，這次久休復出，我在回程的航班上找到很多新奇的玩意，其中最有趣的，一定是圖文並茂的的餐單。

　　還記得疫症爆發初期，這張非常惹笑的圖片（見右頁左下圖）在網上廣為流傳，這段溝通方式既是貼心，選項二的辣椒更是錦上添花。殊不知這個玩笑當今竟然成真，幸好敝公司的圖片印刷精美，比較起來，我覺得還是我們略勝一籌。

　　還記得年初從倫敦返港，十二個小時航程我也不敢進食，就連喝水，都只敢躲在無人的角落裏進行。護目鏡長戴的副作用，就是下機後會發現眼周附近的皮膚全都是壓痕；而雙手，亦早已被消毒酒精蝕到乾裂破皮。相比起當時的抗疫心理，現在的我經已鬆懈不少，至少這趟飛行沒有全院滿座，我終於可安心大吃大喝。

　　當時返港機組人員的檢疫安排是 Test and go，即是遞交樣本後，我們就可以回家進行為期十四日的自主醫學監察。測試結果呈陰性的話，我們將不會收到任何訊息，可是一旦是壞消息，衛生署便會主動聯絡當事人；所以 No news＝Good news。

　　後來機組人員的檢疫政策又有新玩法，政府要求從高危地區返港的機組人員進行 Test and hold，於遞交樣本後入住公司提供的酒店，待陰性結果出爐後，方可重見天日。

　　下機後，我們按指示到中場客運廊登記證件，職員遞了我一份樣本瓶，繼而大家需要在獨立的格間裏「產生」樣本。其後，組員順着動線到收集處留低樣本，便能登上接駁車回到客運大樓。

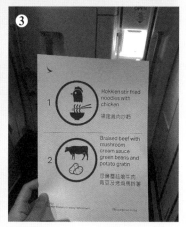

（圖 1）空空如也的機艙

（圖 2&3）網上流傳的餐牌最終成真

Test 完之後，便是 Go 的部分，政府規定所有抵港的機組人員，需要搭乘公司安排的交通從機場直接回到住所，期間不得使用公共交通工具。公司為配合政策，為每位機組人員安排一輛計程車，直接送到寓所樓下。負責統籌交通的大哥只有一人，他需要接齊整隊機組人員後，才能帶我們去登車，率先抵達的我只能萬般不願地繼續等，待大家都到齊了才能一起動身。

回家之後，並不代表檢疫程序已經完結，醫學監察規定我們要每天早晚紀錄體溫，然後透過公司網頁提交記錄，整個過程為期十四天。十四天之後，墨爾本的事情才真正成為過去式。

無論是機組人員還是乘客，抵港後都需要按指示進行檢測。

在疫症肆虐底下，我實在説不清可以上班到底是好事還是壞事，一年下來，檢測次數不下十數次，程序是那麼的折磨又繁複。在家打掃的時候，定期清潔鋪在行李箱上面的灰塵，真是百般滋味在心頭，因為從前的日子，明明不是這樣的。

 **附錄**

一把汗水一把淚
航空業小薯的 2020 年

　　我在 2019 年的最後一個晚上，逆着喜迎新年的人群回公司報到上班。

　　出發前的地面工作大致完成，成群的客人開始登機，一連串機械式的「歡迎登機 Welcome onboard」之後，機門關上，接着就是機長嘰哩咕嚕的飛行廣播。此時，一個同事悄悄靠近，在我耳邊說了一句 "Happy New Year"，我也回敬她一句 "Happy New Year"。

　　客機開始駛離停機坪，我望向燈火通明的客運大樓，腦裏完全能夠想像數十公里外的維多利亞兩岸是怎樣的一片熱鬧歡騰，而我們一行人卻是如此平淡地邁進了 2020 年。

-------------------------------- **1 月** --------------------------------

　　飛抵西班牙後，經已是當地的清早。

　　同事們興奮地在機員巴士上邀約晚上一同聚餐，我腦裏一想到要開啟客套模式應酬前輩上司的畫面，經已有點卻步。而徹夜未眠的我竟忘了客氣，把一切想法老老實實的寫在臉上。可是年資差不多的伙伴們無視我的面有難色，鍥而不捨地說服我加入。

　　如今，我十分慶幸當天自己決定出席，因為那已經是我 2020 年唯一一次、亦是最後一次跟同事出外用餐的經驗了。

　　後來回到香港，維持兩週的在家候命被抓飛了好多趟即日來回，最變態的是早上以乘客身份坐飛機去首爾，以頂替另一組同

事執勤經由台北返港的班機，雙腳再着地時已經晚上九點，簡直是累到極點。還有凌晨出發的即日來回大阪班，回到香港經已時值正午，我的面色難看如死屍。心裏面想，如果下個月拿到好一點的班表就好了。

---------------------------------- **2月** ----------------------------------

收到邀請，開始連載文章，並每月供稿。

新冠病毒肺炎爆發，但我拿到入職以來最奢侈、最棒的班表。到底有多好呢？就是完美到我不需要換班、而又一大堆同事搶着來問你「求求你跟我換好不好？」的那種班表。

月初，跟同期入職兼最要好的朋友C一同飛多倫多，在零下十度的低溫，我倆仍然堅持去尼加拉瓜大瀑布，冷得快要發瘋之時，一同躲進了瀑布側的餐廳，一人點一碗熱湯。

其餘時間，我們一家接一家地去藥房搜購口罩和搓手液，口罩沒有買到，倒是入手一人一箱酒精搓手液，還極不健康地在短短數天內吃了兩頓水手炸雞。雖然沒有說出口，但我們都很清楚隨着疫症的來臨，這種生活模式即將崩塌，只好趁着仍然身在外地，把每一天都當最後一天來過，活得過癮。

現在重溫這些片段，心裏覺得十分僥倖，希望她讀到這裏，也會有跟我一樣的感受。

隨着病毒的擴散，亞洲地區的人們開始恐慌，沒有多少人買

得到防疫物品。

二月我還飛了杜拜、西雅圖和東京，在杜拜的那幾天，我先後來回 Dubai Mall 三次去買消毒濕紙巾、搓手液，甚至是廁紙—這種原本到處都買得到的基本消耗品。在美國，亦一路上跑了好幾間 Costco，還好最終買到足夠有餘的消毒用品，尚能安撫到家中長輩的不安，還足以分享一些予身邊朋友。

回港後連續幾天約朋友交收，車站裏，有些陌生人發現你手裏有未開封的酒精搓手液，竟鼓起勇氣來問我賣不賣，而且來問的人還不止一個，可想而知當時的防疫物資到底有多渴市。

無意中，得知家中長輩將得來不易的部分口罩，轉贈給名字都叫不出來的外人。這種慷他人之慨的行為讓我極為不滿，亦因此與家人大吵了一場，她還叫我「去日本再買就好」。「再買」一句說得倒是容易，他們卻不知道當日我在激安裏面，沒日沒夜地捉着店員問「可不可以賣我兩盒口罩」的場面，是多麼的難看。

-------------------------------- **3 月** --------------------------------

我因公飛到新加坡，吃了一碗我最愛的蝦麵配美祿，很是想念。及後在日本的檢疫措施升格、甚至封關前，與朋友丫一同以乘客身份搭乘朋友Ｃ執勤的東京航班，在東京盡情享樂了二十三個小時。自此，整年沒有用過員工機票旅行。

月底，我在留學生歸港潮期間飛了一趟倫敦，身邊的人都叫

我不要去，可是我不入地獄，誰入地獄呢？

回港後，因班機上多位乘客的病毒檢測結果呈陽性，而我又曾經服務他們，所以不幸被列為密切接觸者，被送入隔離營。（詳見前文＜隔離刑＞）朋友ㄚ飛完馬尼拉後有跟我一樣的遭遇，我們在入營前的某個晚上，聊起了電話大吐不快，朋友Ｃ也加入了八卦，一聊聊了整整十三小時……（真的是神經病三人）。

--------------------------------- **4 月** ---------------------------------

在隔離營表現良好，獲准回家。這段期間，着實見證到人情冷暖。

我按照指引主動致電公司，向上級報告情況，卻換來冷漠的一句：「我很忙的你知道嗎？」身邊有朋友故作憂心，時時問候，其實只是為了看熱鬧。當然，亦有人期間默默支援，不求回報地主動協助照料我家中的小動物；更有朋友在我需要幫助的時候不計前嫌，爽快答應。這些經歷都確實讓我有很大感觸。

大概是上天不憐憫，出營後不久，隨即在候命期間被抓飛美國。

在當地酒店被困在房間整整一週後，回程出發當日，我步出房間之後，竟有種「啊！是新鮮空氣！」然後多吸幾口的想法。旅程完結回到家裏，即使機組人員享有豁免檢疫，但當時我仍然自律留家十四天。

5 月

公司沒有排任何班給我，待在家裏的時間太長了。想看的電影都看完，冰箱裏的食物經已多次被清空，情緒開始有點波動。同時，難以相信短短數個月內，我竟然由很想放假，變成很想上班。

由於大多數時間都很自由，除了定期寫稿，在沒有太大約束之下，生活開始變得毫無規律，甚至常常不知道今天是幾號和星期幾。

6 月

首次出現專欄文章想不出題材的情況。

原本除了寫工作的上見聞，我更希望多寫一些遊記，畢竟我更喜歡遊記的題材。去完旅行，如果很快便忘記自己看過甚麼風景、有過甚麼感悟的話，我覺得是很浪費金錢的事。所以我一直有寫寫遊記，每隔一段時間翻開重讀，都會有不一樣的感受。

可是疫症肆虐，遊子連工作的機會都沒有幾多，又何來遊記可寫呢？

---- **7 月** ----

　　從阿姆斯特丹回港，大病一場。

　　甫出現發燒症狀，即時到診所求醫，姑娘一得知我有外遊紀錄，即時送上極高警戒的招呼。雖然檢測過後發現原來一場虛驚，只是患了比較嚴重的感冒。可是病情並沒有隨着休息而有所改善，後來病毒感染引起的扁桃腺發炎，令扁桃體腫脹得呼吸都會不適，每次吞嚥，還得經歷一種撕裂皮肉的痛楚。流質飲食了許多天終見好轉，而我體重最後掉了十數磅。

---- **8 月** ----

　　財政壓力的影響下，加上不甘於投閒置散，上月開始我就做兼職了。

　　工作初時十分輕鬆，後來因為缺乏相關經驗，上班開始變得壓力滿分。我是一個很難習慣新環境的人：對我來說，適應一個新的地方，比起熟習工作內容本身更為困難。

　　我需要早上 7 點起床，8 點出門，外出十二個小時後回到家中，一週重複四五天這種生活。此等尋常的節奏，卻幾乎把我逼瘋，總覺得下班後毫無私人時間，回家後仍要處理工作時沒有完成的資料輸入，隨便吃完晚餐、洗個澡就該去休息了，畢竟翌日又要早起……那些大半生坐在辦公室裏朝九晚五的白領們，到底是怎樣習慣和接受這一切的呢？

9 月

　　有次跟兼職工作期間認識的同事們，聊起 2003 年沙士的回憶，位位都説「自己印象不深刻」、「年紀還很小，才 3 歲」，始自揭原來我是圈子中年紀第二大的殘忍真相。幸而我心態年輕，並沒有被嫌棄，伙伴們下班後的聚會都會叫上我。

　　雖然我不是每一次都會出席，就算出現了，也不太會參與他們的自殺性喝酒活動。幾乎每一次，都會有人以「喂，真不賞面！」來情緒勒索逼我喝酒，但總有些義氣仔女衝出來幫我代喝，能在這份工作交到朋友真好。（真不要面子，要女人幫我頂酒！）

10 月

　　在疫情的影響下，社會各界都如履平地：學生用視像模式上課、辦公室人員在必要時可以在家工作，紀律部隊的加薪計劃繼續 go on，萬人空巷齊齊抽新樓盤的現象亦印證樓市持續暢旺。航空業彷彿活在平行時空裏，只有我們前路茫茫、舉步為艱。而且最無奈的是，我們完全不知道這種日子還要維持多久。

　　這麼多個月，每個月都有人不識趣地問：「喂，聽説ＸＸ航空要裁員？」來跟我嘗試展開話題。後來當國泰及香港航空先後進行行刑式裁員，大眾終於如願以償，可是外人得償所望亦不知

足,還急着來落井下石,自以為幽默地排着隊去侮辱機艙服務員的工作。

航空公司乘着裁員兵慌馬亂之際,決定乘勝追擊,同日推出新合約的細節,明言假如僱員不簽署新合約,將會被終止聘用。

---

11 月

身邊被裁的朋友陸陸續續找到工作機會,劫後餘生的我們,對於沒有成為受影響的一群,產生了一種倖存者的內疚感。

計劃了為空姐朋友慶祝生日,但由於她執勤的航班上有確診個案,若然她被列為緊密接觸者,就得被抓進隔離營中,在裏面渡過生日。萬幸最終中獎的不是她,我們可以如期見面聚餐。

用餐期間,幾個好久沒有聚頭的同事們交換着這一年的近況,有人開始了小生意、亦有人找到了兼職,幾乎認識的每一個人都向着不同的道路前進。當日的見面,竟然有一種畢業同學會的感覺。

---

12 月

在離境大堂為一個朋友送行,一行人目送她檢查護照、登機證,最後背影消失在我們面前。當晚攤在睡床,不禁重溫了一次告別的畫面,我還記得我問她:「甚麼樣的情況,才能讓你逼不

得已回來？」然後對望苦笑。

　　年末的疫情又再次反彈，從沒有本地感染個案，發展成各大群組的全港大爆發。另一邊廂，藥廠相繼宣佈疫苗的研發進入最後階段，然而疫苗的效力和副作用，始終未能讓大眾放心。其後西方更傳出病毒早已變種，傳播能力進一步增強的壞消息。

　　回望過去一年的日子，起初的我成天把自己困在家中避免外出，天天點着口罩數量怕不夠用、又要數算着開支，為未來的節流作打算。後來發現外面的世界照樣一片歌舞昇平，才自覺愚昧。

　　很多事情，就像談戀愛，一個人的努力是永遠都不夠的。

後記

　　還記得 2003 年非典型肺炎爆發，當時香港百業蕭條，失業率高企，家裏的大人常常面對開工不足的問題。每日傍晚的新聞播報都在公佈當日感染和死亡人數，香港第二季的負資產人數突破十萬人⋯⋯一時之間，恐懼濃罩了整座城市。當時的百姓急病亂投醫，有人聽說喝白醋、板藍根可以治肺炎，一窩蜂的去搶購；又有人在愚人節當日散播謠言，指香港即將成為疫埠，一時引起大眾恐慌混亂，超市被搶購一空。

　　我本以為這些荒謬會永遠停留在 2003 年。誰都沒想過，今年，疫症竟捲土重來，而且一切事情都變得更加壞。

　　17 年後，變成我面臨失業、不知道還繳不繳得出房租的處境。一直喜歡的工作，明日或者就收到掛號信說公司不需要你了；不幸成為密切接觸者，卻被人當成會移動的病毒一樣看待；在外地臥床養病，體弱得每次入睡都恐懼自己會在夢中獨自離去。

　　我們之中，沒有人知道未來的形勢會不會變得比較好，我甚至連明天就該送到的快遞會不會如期到達都不知道。但可以確定的是，任誰都絕對不想再過一次 2020 年。

　　這一本書，對我來說就像一部回憶錄，寫的時候需要逼自己回憶昔日所有與飛行相關的片段。在航空業最為困難的時間，重新記起自己入行的原因、當初又為甚麼喜歡飛行，甚至喜歡到立志以此為終生事業。若真如金曲《每當變幻時》所講：陶醉的過去，一半是樂事，一半令人流淚⋯⋯那麼我們在懷緬這一年的經驗時，想必一定滿臉淚水。

疫下飛航

空服員的日常與非常

著者
飛仔

責任編輯
梁卓倫、李穎宜

裝幀設計
羅美齡

排版
何秋雲、楊詠雯

出版者
萬里機構出版有限公司
香港北角英皇道499號北角工業大廈20樓
電話：2564 7511　　傳真：2565 5539
電郵：info@wanlibk.com
網址：http://www.wanlibk.com
　　　http://www.facebook.com/wanlibk

發行者
香港聯合書刊物流有限公司
香港荃灣德士古道 220-248 號荃灣工業中心 16 樓
電話：2150 2100　　傳真：2407 3062
電郵：info@suplogistics.com.hk

承印者
美雅印刷製本有限公司
香港觀塘榮業街 6 號海濱工業大廈 4 樓 A 室

出版日期
二〇二一年三月第一次印刷

規格
大 32 開（210 mm × 142 mm）